这就是中国历史

三国两晋南北朝
名士与英雄

何孝荣 主编

化学工业出版社
·北京·

图书在版编目（CIP）数据

这就是中国历史. 三国两晋南北朝：名士与英雄 / 何孝荣主编. —北京：化学工业出版社，2020.8（2025.4重印）
ISBN 978-7-122-37125-6

Ⅰ.①这… Ⅱ.①何… Ⅲ.①中国历史-三国时代-少儿读物②中国历史-魏晋南北朝时代-少儿读物 Ⅳ.①K209

中国版本图书馆CIP数据核字（2020）第092730号

责任编辑：丁尚林 马羚玮	文字编辑：刘 璐 陈小滔
责任校对：宋 夏	装帧设计：尹琳琳

出版发行：化学工业出版社（北京市东城区青年湖南街13号 邮政编码100011）
印　　装：中煤（北京）印务有限公司
787mm×1092mm　1/16　印张12　字数177千字　2025年4月北京第1版第12次印刷

购书咨询：010-64518888　　　　　　　　　　售后服务：010-64518899
网　　址：http://www.cip.com.cn

凡购买本书，如有缺损质量问题，本社销售中心负责调换。

定　价：39.80元　　　　　　　　　　　　　　　　　　　版权所有　违者必究

目录

导读　历史是这样的……1

乱世出豪杰……2
布衣刘皇叔……2
江东孙吴……9
赤壁之战……14
三分天下……19

浪花淘尽英雄……26
强大的魏国……26
夷陵之战……32
千古贤相诸葛亮……34
狡猾的司马懿……40
频繁内乱的吴国……46
无力回天的姜维……50
最后的赢家……56

短命的晋王朝 61
- 新王朝的新气象 61
- 堕落其实很容易 66
- 贾后专政 71
- 魏晋名士 75
- 南方更安全 82

南北朝平分天下 87
- 走马灯般的国家 87
- 祖逖北伐遗恨 93
- 枭雄桓温 99
- 淝水之战 103
- 不为五斗米折腰 108
- 成败皆因篡位 112
- 生性节俭 117

分裂与统一 120
- 另一个魏国 120
- 孝文帝的汉化改革 126
- 短暂的和平 131
- 宇文泰与八柱国 137
- 荒唐的北齐皇帝 145
- 早逝的北周武帝 151
- 灭佛事件 159

朝代的轮回 165
- 失败的北伐 165
- 疯狂的东昏侯 168
- 迷信佛教的梁武帝 172
- 反复无常的侯景 180
- 陈霸先收复山河 184

历代帝王世系表 188

历史是这样的

诸葛亮真的神机妙算吗？

关羽、张飞能打过吕布吗？

三国统一后又发生了哪些故事呢？

如果你有过这些疑问和思考，那么非常欢迎你和我们一起推开三国两晋南北朝历史的大门。

我们中华文明有着五千年悠久的历史，其中有很多有趣的故事，也有很多前人总结出来的经验和智慧。

学习这些历史不仅可以拓宽我们的视野，丰富我们的知识面，还能使我们更加明事理。

唐太宗曾说过："以史为镜，可以知兴替。"

哲学家培根也曾说过："读史可以使人明智。"

为了方便小读者们了解真实的历史脉络，对历史产生兴趣，我们联合了众多历史学者特意编撰了这本《这就是中国历史——三国两晋南北朝》，见证名士与英雄的相互交融。

乱世出豪杰

东汉末年,社会动荡不安。俗话说,"乱世出英雄",这乱世正好给了各路英雄豪杰一个发挥自己雄才武略的舞台。卖草鞋的刘备遇到了关羽、张飞,逐步登上历史舞台;孙坚横扫江东,成一方霸主;赤壁之战曹操大败,刘备和孙权则因此实力增强,天下就此三分,魏、蜀、吴在中国的大地上三足鼎立。

布衣刘皇叔

东汉末年,朝廷腐败,战乱频仍,百姓流离失所,朝不保夕,此时旱灾、蝗灾等天灾又接踵而至,老百姓食不果腹,每天都有很多人饿死。在巨鹿人张角的号召下,大家揭竿而起,反抗东汉王朝的腐朽统治和这惨无人道的世界。因为他们都头扎黄巾,所以被称作"黄巾军",这次起义也被称为"黄巾起义"。在东汉王朝的强力镇压下,"黄巾起义"最终以失败告终,但它冲击了东汉王朝的腐朽统治,使东汉名存实亡。此后,中华大地上涌现了几股势

> **知识链接**
>
> **什么是军阀割据?**
>
> 军阀割据指过去手握军权、自成派系的军人或军事集团割据一方。

力强大的军阀,各路英雄层出不穷,刘备便是其中势力较大的一位。

刘备是涿郡涿县(今河北涿州)人,他的来头可不小,是汉景帝之子中山靖王刘胜的后代。刘备祖上一直在州郡做官,但他命不好,从小就没了爹,与母亲相依为命,靠卖草鞋、织草席勉强谋生。虽说家境贫寒,但年少的刘备却心怀大志,觉得自己一定能在这乱世有一番作为。

后来,刘备拜原九江太守卢植为师。相传刘备身形挺拔,耳朵很大,手长过膝。他性格寡言少语,喜怒不形于色,但为人豪爽,喜欢结交侠义之士,许多年轻人都愿意和他交往。中山有两个家财万贯的大商人,叫张世平和苏双,他们因为贩马经常路过涿郡,见到刘备觉得他气宇非凡,于是出钱资助他招募兵士。很快刘备便声名远扬,天下英杰慕名而来。在这期间,他还结识了关羽和张飞,三人在桃园结义,立誓在这乱世中闯出一番天地来。

黄巾起义爆发后,刘备带着跟随他的众人起兵帮助朝廷镇压起义,并在战争中立有战功。等到起义被镇压后,刘备因功被任命为安喜县尉的小官。刚上任没多久,督邮来安喜县视察了。督邮是郡太守属下专门监察县级官吏的职务,虽然不是正经的大官,但却能决定县尉的前途命运。因此,刘备对他不敢怠慢,赶紧去求见这位督邮。谁知这位督邮大人却一点都不领情,谎称身体不适闭门不见。刘

知识链接

督邮是多大的官

督邮是督邮书掾、督邮曹掾的简称,是汉代各郡的重要属吏,代表郡守到各县乡督察,每郡分为若干部,每部设立一个督邮。

▼ 刘备贩卖草鞋、草席

桃园三结义

备吃了闭门羹，心里痛恨朝廷过河拆桥，卸磨杀驴。他越想越气，便带人闯进官府，把督邮大人五花大绑后用鞭子抽了一顿，然后就弃官逃命去了。

离开安喜县后，刘备先是投奔大将军何进，路过下邳的时候顺手剿灭了一伙贼人，因功被封为下密丞、高唐令等。后来高唐县被贼人攻破，刘备便弃城去投奔昔日同窗——中郎将公孙瓒，被任命为别部司马，和青州刺史田楷一起抵御冀州牧袁绍。刘备有勇有谋，加上手下有关羽、张飞两员大将，很快就因为战功被提拔为平原相。在位期间，刘备对外抵御贼寇，保一方平安，对内乐善好施，深得民心，大家对刘备都十分信服。

▲ 卢植

公元 194 年，兵强马壮的曹操派兵攻打徐州，徐州牧陶谦知道自己守不住，于是赶紧派人向田楷求援。接到消息后，田楷和刘备一同前往徐州相救。

一行人到达徐州边界后，曹操退兵的消息传来了。田楷知道曹操诡计多端，担心他趁机偷袭青州，于是决定自己带兵回去，让刘备单独去见陶谦，并代他表示慰问。刘备到达徐州后，陶谦见他一表人才，气宇非凡，这次又是为救援徐州远道而来，对他十分热情，想把他留在徐州。

当时刘备手下只有几千名游兵散将，其中还包括一部分胡人和路上招募的饥民，势单力薄。陶谦得知后便送给了刘备四千丹阳兵，让他务必留在徐州做自己的帮手。

刘备感到盛情难却，便离开田楷，归附陶谦做

知识链接

公孙瓒

公孙瓒是东汉末年的武将、军阀，汉末群雄之一。他与袁绍交战多次，前期占尽优势，但龙凑之战后，丧失锐气，转为自保战略，渐渐失去了部下信任，最终被袁绍打败，自焚身亡。

起了豫州刺史。陶谦让刘备率领军队驻扎在小沛，方便与徐州来回接应。

不久，陶谦病危，他在临终前对别驾麋竺说："只有刘备能安定徐州！"于是，麋竺等人便带人迎请刘备做徐州太守。最初刘备不敢赴任，极力推辞。陈登、孔融等人都劝说刘备赴任，希望他能建功立业、匡扶皇帝、安抚百姓。在众人的劝说下，刘备终于入主徐州。

公元196年，袁术从淮南（今安徽寿县）率军攻打徐州。曹操上表皇帝，提出让刘备担任镇东将军，封宜城亭侯，出兵抗击袁术。两军在盱眙、淮阴一带对峙数月，胜负难分，战争进入胶着状态。此时，吕布趁机攻打徐州州府下邳，俘虏了刘备的妻儿。刘备回军自救，途中军队溃散了大半，被袁术打败，处境艰难，困顿至极。无奈之下，刘备向吕布求和，吕布便释放了刘备的妻儿。

随后，刘备回到小沛，派关羽镇守下邳，并很快再次聚集起万名士兵。吕布见状再次率兵攻打刘备，并再次俘虏了他的妻儿。屡战屡败的刘备开始思考起人生，他反思了自己的失败，决定归附势力强大的曹操。

曹操收留了刘备一行人，并上表皇帝任命刘备为豫州牧，然后亲自率兵活捉吕布，迎回刘备的妻儿。曹操深知刘备心怀大志，怕他日后成为自己的对手，想趁机除掉他。为了试探刘备，曹操邀请他来到家里共尝青梅酒，谈论天下英雄。刘备知道曹操的用意，正在苦恼如何洗脱嫌疑，恰好此时打了一声响雷，刘备趁机捂住耳朵装作极度害怕的样子。曹操信以为真，大笑起来，觉得刘备胆识不足，便放下心来。

> **知识链接**
>
> **"江东虎"孙坚**
>
> 孙坚是东汉末期著名的军阀将领，史书曾记载，说他"容貌不凡，性阔达，好奇节"，在小说《三国演义》中，孙坚被称为"江东猛虎"。

▼ 晋代铜骑马武士俑

袁术见局势急转直下，便打算取道徐州投奔袁绍。曹操派刘备去截击袁术，没想到还没碰到面，袁术就病死了。刘备趁势占据了下邳，并开始渐渐摆脱曹操的控制。周边的郡县闻讯后纷纷反叛曹操，归顺刘备。刘备的兵马达到数万人，实力大增。于是他联手袁绍，开始反攻曹操。

公元200年，曹操亲自率兵攻打刘备，刘备再次战败。而此时的袁绍也大势已去，无力回天，刘备见状，便率领残兵败将转投荆州刘表去了。

到了荆州后，刘表表面上对刘备客客气气，待若上宾，背地里却对他严加防范。

公元207年，曹操率领大军北征乌桓。刘备劝刘表乘机偷袭许都，端了曹操的老窝，但刘表没有采纳他的意见。刘备渐渐明白，待在荆州并不是长久之计，要想发展壮大，就必须拥有自己的智囊团。

同年，刘备前往隆中，三顾茅庐，拜会他人生中最重要的一个人——诸葛亮。诸葛亮被刘备的诚心打动，于是决定出山辅佐刘备。

这一年，诸葛亮26岁，此后他为刘备鞠躬尽瘁，死而后已，直至生命的尽头也不敢忘记刘备的嘱托；这一年，刘备46岁，经过大半辈子的奔波逃亡，他终于迎来人生的转折点。

公元208年，曹操南征刘表，此时刘表正好因病去世。他曾打算将荆州托付给刘备，但刘备没有接受，最终由刘表的儿子刘琮代为执政。

刘琮这个人胆小怕事，不敢和强大的曹操抗衡，于是派人向曹操求降。荆州很多士人不屑投降曹操，于是纷纷投靠刘备。诸葛亮劝刘备趁机攻打刘琮，夺取荆州，刘备却不忍心这样做。他一面部署战备，进行战略转移，一面派诸葛亮去说服江东的孙权出兵共同抗击曹军。

孙权考虑再三，权衡利弊，最终决定和刘备联盟，派周瑜等人率领几万水军和刘备的军队会合。他们在赤壁与曹军相遇，最终孙刘联军用计烧毁了曹军战船，大败曹军。

到这时，刘备终于在群雄中崭露头角，地位初步稳固，成为当时不可小觑的力量。

江东孙吴

三国时期，地处江东的吴国最早是由孙坚发展起来的，孙策则为以后吴国的建立奠定了良好的基础，而真正创建并让吴国强大的人却是孙权。

据说，孙坚自幼就非常勇敢，比较有胆识。十七岁时，孙坚与父亲一起乘船出门办事，路上恰巧碰到了一群抢劫商人钱财的海盗在分赃。来往的行人都不敢靠近，过路的船只也不敢往前走。

孙坚对父亲说："这些强盗实在欺人太甚，让我去把他们捉拿了！"说完，他便不顾父亲的阻挡提刀上了岸。他指挥手下从不同方位包围强

▼ 总角之好

孙坚攻打董卓时，曾留下家人暂住在舒县。当时孙策十几岁，就在当地结交名士，很有名气。周瑜仰慕孙策的名气，特地拜访。周瑜、孙策二人同岁，他们一见如故，坦诚相待。

后来，周瑜让出大宅院让孙策住，且升堂拜母，二人年少相知，被称为"总角之好"。

盗。强盗们以为官兵围了过来，赶紧扔掉钱财四散逃跑。

孙坚也不留情，一个箭步追上去砍下一个强盗的脑袋。其他强盗见状都吓得魂不附体，再也不敢来这里作乱了。从此，孙坚声名大振。后来，他又参加讨伐逆贼立下战功，被任命为下邳县丞。

汉灵帝去世后，暴虐嗜杀的董卓独断朝政，在京城横行霸道，为非作歹。各州郡纷纷起兵讨伐董卓，孙坚也举兵响应。他和袁术联手，率兵攻打董卓，董卓感到十分害怕，于是派李傕将军等向孙坚求和，提出和孙坚结为亲家，并许诺上表皇帝任命孙家子弟为刺史、郡守。

孙坚听了，不屑地破口大骂道："董卓老贼，你大逆不道，荡覆王室，如今不让你人头落地，我死不瞑目！"之后率兵一路打到洛阳城外。董卓吓坏了，他放火烧了洛阳城，劫持着皇帝和百官向函谷关逃去。昔日繁华的洛阳城如今只剩下一片灰烬。

孙坚虽然有勇有谋，声名显赫，但他也因为自己过人的才能遭到袁术的妒忌，始终得不到信任。

公元192年，孙坚奉袁术之命征讨荆州的刘表，途中不幸被黄祖暗箭射死，年仅37岁。孙坚有四个儿子，分别是孙策、孙权、孙翊、孙匡。他的大儿子孙策是一个喜欢结交朋友的人，当初孙坚起兵时，他和母亲暂住在舒县（今安徽舒城县），并在那里结识了周瑜，还招纳了许多上流社会人物。

> **知识链接**
>
> **内事不决问张昭，外事不决问周瑜**
>
> 孙策临终时，没有传位给自己的儿子，而是禅让给弟弟孙权，大臣都很吃惊，孙权也不敢接受。孙策对孙权说："决机于两阵之间，卿不如我；使各尽力以保江东，我不如卿。"说明孙策关心的是整个江东的安危，并嘱咐孙权"内事不决问张昭，外事不决问周瑜"，为孙权安排了得力助手。孙策死后，孙权确实将江东治理得很好，令人不得不佩服孙策的胸怀和远见。

乱世出豪杰 | 江东孙吴

孙坚死后，孙策继承了爵位。等到两年守孝期满后，他安置好家人，便带领手下投靠了时任丹阳太守的舅父吴景。

公元194年，孙策投奔袁术。袁术看孙策气宇轩昂，非同凡人，治军严谨，屡立战功，便把孙坚的部队交还给他。袁术派他去讨伐山贼、攻打庐江。于是孙策便受命四处出击，开始占据江东地区。

第二年，孙策带着人马从历阳渡江，相继击败了刘繇、严白虎、王朗等人，自己领任了会稽太守，周围的地盘全都落入孙氏子弟的手中。

公元197年，袁术擅自称帝。孙策得到消息后便写信骂袁术，还说要和他绝交。

曹操便上表举荐他为讨逆将军，并封爵吴侯。至此，孙策正式成为吴越之主。可惜好景不长，事业上风生水起的孙策很快就走到了人生的尽头。

公元200年，孙策一个人骑马去丹徒打猎，途中遇到了前任吴郡太守许贡家的几个门客。当年，许贡觉得孙策是项羽一样勇猛的人物，如果让他在外领兵会成为大患，便上书皇帝请求召孙策入京。孙策听说这件事后就把许贡杀了，许贡的小儿子与门客也不得不逃亡到江边隐居。这次，许贡的门客偶然和单枪匹马的孙策相遇，便一拥而上把他打成重伤。

孙策逃回后知道自己命不久矣，便把印绶交予弟弟孙权，并让张昭等人好好辅佐他。当时，孙权只有18岁。孙策死后，江东陷入一片混乱，幸亏孙权颇有才能，加上张昭、周瑜等人一心一意辅佐，江东的局势终于稳定下来了。

临危受命的孙权开始冷静分析自己的处境，企图在江东大展手脚。当时，孙权占据了会稽、吴郡、丹杨、豫章、庐陵五郡，边远地区并未完全归附。于是他决定先收服山越族和江夏。

孙权重用张昭、周瑜等人，同时广纳贤才，将鲁肃、诸葛瑾等人收入麾下，不费吹灰之力收服了山越族，接着在鲁肃的策划下最终攻下江夏，东吴的势力逐渐强大起来。

知识链接

利益捆绑的孙刘联盟

曹操挥师南下，要踏平江东，刘备和孙权为了共同抵御曹操，结成孙刘联盟，取得了赤壁之战的胜利，三国鼎立的局面自此形成。后来，关羽大意失荆州，被孙权的大将吕蒙杀害，孙刘联盟破裂，刘备决定兴兵伐吴。刘备伐吴失败后，孙权主动派遣使者议和，孙刘重新联盟，两国的友好关系持续了四十多年。

> **知识链接**
>
> **锦马超**
>
> 马超，蜀汉开国名将，汉末群雄之一，人称"锦马超"，是汉朝名将马援的后人。早年，马超随父四处征战。父亲入京后，马超便留驻割据雍州三辅。潼关之战，他大败于曹操，只得割据陇上数郡。不久，他先是投靠了张鲁，又转而投靠了刘备。刘备称帝后，马超官拜骠骑将军、凉州牧等。马超去世后，被追谥威侯。

赤壁之战

曹操统一北方后信心大增，胃口也跟着大了起来。他企图乘胜南下，趁势统一全国。公元208年，曹操亲率大军南下攻打荆州。当时荆州牧刘表正好因病去世，他的小儿子刘琮代为执政。刘琮胆小懦弱，不敢和强大的曹操抗衡，决定开城投降。曹操不费吹灰之力就占领了荆州，还将刘表的数十万水军和步兵收入囊中。

眼看曹操来势汹汹，刘备坐不住了。他本来依附于刘表，刚刚得到谋士诸葛亮，两人还在隆中制定了先占荆、益两州，然后联合孙权，抗击曹操，进图中原的策略，并在樊城训练水、陆两军。刘琮投降曹操后，身处樊城的刘备便率领军队往南逃跑，却被追来的曹军打败。刘备知道单靠自己的力量根本不可能击退曹操，于是只好撤兵败退。

此时的孙权刚刚攻克夏口（今武汉市内），打开了西入荆州的大门，正伺机吞并荆州、益州，然后向北发展。

刘表死后，鲁肃劝说孙权和刘备共同抗击曹操，然后占据富饶的荆楚之地。孙权听从了他的建议，并派他去长坂坡和刘备商议。

此时刘备也派诸葛亮去拜见孙权，诸葛亮到达江东后立刻求见孙权，并游说他说："将军，如今

乱世出豪杰 | 赤壁之战

天下大乱，诸侯四起。曹操刚刚攻下荆州，天下为之震动。您虽然坐拥江东，但还不足以和曹操抗衡。若您不愿面北向他称臣，何不同我家主公联合抗曹？虽然我们在长坂坡失利，但尚有精兵锐卒万余人，江夏也有一万士兵随时待命。曹军远道而来，路途颠簸，人困马乏。况且他们北方人不擅水战，假如您能派遣猛将统领数万军队与我们并力合谋，定能将曹操赶回北方老家。如此，东吴的势力会更加强大。"

孙权听了觉得有道理，但他心里也犯嘀咕，于是召集部下商量对策。张昭等人极力主张求和，觉得和曹操硬碰硬无异于以卵击石，百害而无一利。

而从鄱阳湖赶回来的周瑜却强烈主张联刘抗曹。他对投降派的官员说道:"诸位大臣想求和,不过是惧怕曹操的强大罢了。要我说,曹操已经犯了四点兵家之大忌。第一,北方局势不稳定,马超、韩遂就是曹操的后顾之忧。第二,北方骑兵不擅水战,曹操倚仗缴获的战船来和我们叫板,根本不占优势。第三,如今正值寒冬,军马肯定缺乏草料。最后,他们中原的士兵初来南方肯定会水土不服,生出疾病。"周瑜分析完,转头对孙权说:"主公,请您给我三万精兵,我定能大破曹军!"

孙权本来就有迎战之意,听完周瑜精准到位的分析,顿时下定决心。他拔出佩剑,"咔"的一声砍掉木案的一角,斩钉截铁地说道:"以后谁要再提投降二字,下场就和这个桌子一样!"

听了这话,主和的官员们不敢再说话了。孙权命周瑜为大都督,命他率领三万精锐水兵与刘备的两万军队会合,共同抵抗曹军。

周瑜率领三万人马到江夏与刘备会合,孙刘联军和曹军在长江南岸的赤壁(今湖北赤壁市西北部)对峙。当时已经是寒冬腊月,长江上寒风凛冽,船在江中来回颠簸,曹军很多士兵不习惯坐船,呕吐不止,接连病倒。

有人向曹操献了一个办法,提议把这些船用绳索连起来,使不习水性的士兵如履平地。曹操觉得此计甚好,便下令将船连在一起。周瑜的部将黄盖建议用火攻,将曹军的船全部烧毁。于是,周瑜先让黄盖给曹操写了一封投降信,谎称自己要带着吴

知识链接

刘琦上屋抽梯

刘琦是刘表的长子,害怕后母蔡氏陷害他,就向诸葛亮求救。诸葛亮怕卷入他们的家事,不献一言。后来,刘琦将诸葛亮骗到二楼,然后命人取走梯子,说:"现在你和我谁都下不去,你说话也只有我能听到。"诸葛亮这才献出计策。

军的粮草来投降,并用苦肉计骗过了曹操。接着周瑜调拨了几十艘大船,船内装满柴草,柴草浇上油膏,船身罩上帷幕,上面插上牙旗,接着又预备了一些轻巧的小船跟在大船后面。

等到了信上约定的投降日期,黄盖带着船队依次向前驶去,很快就靠近了曹营。曹操看到驶来的船队,心中十分得意,并没有多做防备。

这时,黄盖命人解开小船,然后点燃大船上的柴草,让这些大船朝着曹营冲去。曹军的船只都被连在一起,动弹不得,只能眼睁睁地看着火势蔓延。借着强劲的东南风,火势很快就从曹军水寨烧到岸上的陆军营寨。

转眼间,曹营就陷入一片火海之中,烧死和淹死的将士众多,曹军伤亡不计其数。在张辽等人的拼死保护下,曹操最终脱离危险。他见大势已去,多年来的努力付诸东流,只好带着残兵败将一路躲避孙刘联军的追杀,狼狈逃回北方。

赤壁之战后,曹操元气大伤,再也不敢轻易南下。孙权和刘备的地位得以巩固,三国鼎立的局势逐步形成。

◆ 知识链接

五子良将之首的张辽

张辽是三国时期曹魏的名将,被称为曹魏"五子良将"之首。

张辽参军后,直到生命结束,几乎都在打仗。他跟随曹操东征西讨,在乱世纷扰的东汉末年,结束了军阀混战、豪强林立的危局,为曹操统一北方打好了基础。晚年的张辽仍然带病出征。张辽让北方渐渐统一,这是他在历史中的重要作用。

三分天下

赤壁之战后,刘备取得荆州四郡,实力大增,就打起了益州的主意。而孙权控制了西起夷陵

（今湖北宜昌）、东至寻阳（今湖北黄梅）的长江防线，并占据着荆州的江夏郡，势力也不容小觑。当时，驻守益州的刘璋受制于据守汉中的张鲁，又害怕强大的曹操来夺取汉中，便想迎刘备入蜀，增强自身的实力。

公元211年，刘璋派法正去荆州迎请刘备，想让刘备去攻打张鲁，防卫益州。法正在见到刘备之后，为他出谋划策："将军，刘璋这个人胆小懦弱，根本成不了大事。我可以帮您联合益州的官员张松，让他做内应。这样一来，我相信以将军的才能肯定能轻松拿下益州。"

庞统见刘备有些犹豫不决，劝道："现在曹操在北，孙权在东，您守在这残破不堪的荆州实在难以得志。"而益州有户口百余万，土地肥沃，财产丰富，假如能得到益州，成就大业便指日可待！"

听了这话，刘备终于下定决心。他留下诸葛亮、关羽等守卫荆州，自己亲率大军向益州进发。

刘备到达益州之后，同为汉室宗亲的刘璋设宴款待。他为了让刘备去攻打张鲁，拨给他一些士兵和物资，还把驻在白水的益州部队交给刘备指挥。宴席过后，刘备便带着手下的三万士兵向北进发。

但到达葭萌后，刘备没有马上攻打张鲁，而是在那里广施恩德，收买蜀地的人心，伺机夺取益州。

公元212年，曹操大举进攻孙权，孙权向刘备求援。刘备以此为借口要回师荆州，并向刘璋要一万兵马。刘璋不想给，又不好明着拒绝刘备，只好答应出四千兵马。这下刘备等到了机会，便和刘

知识链接

曹操望梅止渴

曹操遇到困难时，总能想出好办法。有一次他率兵征战，路上一直没有找到水，士兵们口渴难耐。

曹操说："前面就是一大片梅林，梅子又甜又酸，能够解渴。"士兵们听到酸梅，都流出口水，便不再那么渴了。他们一鼓作气，很快就走到了有水的地方。

▼ 京剧中的刘备形象

乱世出豪杰 | 三分天下

璋撕破脸皮，正式起兵。他用计斩杀了刘璋的两员大将杨怀、高沛，然后回军进攻成都，所过郡县纷纷被破。

诸葛亮得到刘备起兵消息后留关羽镇守荆州，带着张飞、赵云等人率军逆江而上，分头平定两岸郡县，然后与刘备合兵围攻成都。

刘备大军兵临城下，围困成都数十天。此时城中还有不少精兵，粮食也足够支持一年，官吏和百姓都愿死战到底。

但刘璋知道这样耗下去只是垂死挣扎罢了，城破只是早晚的事。他不愿百姓再遭战乱，曝尸荒野，便打开城门宣布投降，刘备得以全取益州。

在刘备进攻益州的时候，曹操也没闲着，他出兵击败了张鲁并占领汉中。汉中是蜀地的

屏障，地理位置十分重要。在法正的建议下，刘备率军大举进攻汉中。他先派张飞、马超、吴兰等人攻打下辨，遭到曹洪、曹休的坚决抵抗。

刘备持续用兵达一年之久，由阳平关侧后方的定军山突破曹军防线，斩杀了魏将夏侯渊。而张郃率领全军退守阳平关，在汉水旁设阵。刘备不敢渡过汉水，害怕张郃趁机偷袭，于是干脆掉头攻取了阳平关以西、汉水以南的险要之地。

乱世出豪杰 | 三分天下

为解汉中之围，曹操率领大军由长安出发，从秦岭间的斜谷进入汉中，再经南郑抵达阳平关。两军对峙了一个月，曹军久攻不下，并且后勤供应不上，军队无以为食，只好撤军，汉中就此落入刘备手中。

汉中一役是奠定蜀汉政权的决定性战役，它使得曹魏不再有南下的力量，孙权在江南的地位得以巩固，刘备也有了立足之地，三国鼎立的形势就此形成。

公元220年，一代枭雄曹操在洛阳病逝，享年65岁，至死都未曾称帝。他的儿子曹丕继承魏王王位，并在随后正式称帝。第二年，刘备也在成都称帝，并大赦天下。

知识链接

旷达的简雍

简雍是三国时期刘备身边的谋士。他为人简单直接、不拘小节，即使与刘备同坐，也会随意地盘腿而坐。在同除了诸葛亮之外的人议事时，他甚至会独占一榻，躺着说话。

闯关小测试

1. 刘备15岁时，曾拜（　　）为师。
   A. 卢植　　B. 公孙瓒　　C. 司马徽

2. 横扫江东的小霸王是（　　）
   A. 孙坚　　B. 孙策　　C. 孙权

3. 赤壁之战中，放走曹操的大将是（　　）
   A. 赵云　　B. 张飞　　C. 关羽

参考答案：1.A 2.B 3.C

浪花淘尽英雄

三国时期，群雄逐鹿中原，谁不想一统天下，笑傲江湖呢？一代枭雄曹操为魏国打下坚实的基础，实力超群；刘备在诸葛亮的帮助下，也一步步站稳了脚跟；孙权养精蓄锐，准备大干一场。但是人算不如天算，谁都没算过老奸巨猾的司马懿。

强大的魏国

古人都以多子为福，曹操也不例外。据记载，曹操有很多老婆，这些老婆给曹操生了25个儿子和许多女儿。在这些儿子中，曹冲用他那无可匹敌的智商碾压其他兄弟，深受曹操喜爱。只可惜天妒英才，曹冲在13岁那年就因病去世了。

另一个比较受宠的儿子就是曹植。他从小聪明，文武双全，少年时还经常跟着曹操出征打仗。更重要的是，曹植的文采实在了得，他在《白马篇》中塑造了一位武艺精绝、忠心报国的游侠少年形象，抒发了自己追求"勠力上国，流惠下民，建永世之业，

知识链接

曹冲称象

曹冲非常聪明。有次曹操获得一头大象，便问如何才能测出大象的体重，大家都摇头。

此时，曹冲说道："先把象放到船上，用笔在水面触及的地方画条线，然后把象牵下来，往船上装石头。当水面再次到达记号所在位置的时候，称一下这些石头，就知道大象的重量了。"

曹操听后非常高兴，果然测出了大象的重量。

流金石之功"的伟大理想,文章大气磅礴,风格雄放,曹操看后赞不绝口。

按理说,曹植既然如此优秀,那继承人选他准没错了。但才子嘛,总有些特立独行,不愿受世俗拘束。曹植行事我行我素,口无遮拦,饮酒也没有节制。曹操虽然有立他为储的想法,但也只好暂时搁置了。

公元219年,魏将曹仁被关羽围困,曹操派曹植带兵去营救。临出兵前,曹操把曹植叫过来想叮嘱他几句。谁知道曹植喝得醉醺醺的就过来了,曹操见状气不打一处来,便罢免了他。由于生性喜欢自由,又不加节制,曹植渐渐失去了曹操的重视。

此时,曹操的另一位儿子曹丕站了出来。其实,曹丕也是个文武双全的优秀青年。他五岁就开始学习射箭骑马,又懂剑术和兵法。同时他还熟读诗书,下笔自成文章,拥有良好的文化修养。但无奈的是他的兄弟们都太优秀了,耀眼的光芒掩盖了他的才华,生生把他给比了下去。

▼ 吴质

吴质是三国时代著名的文学家,深受曹丕喜爱。曹丕能被立为太子,吴质出过很多计谋,功劳很大。他与司马懿、陈群、朱铄一起被称为曹丕的"四友"。

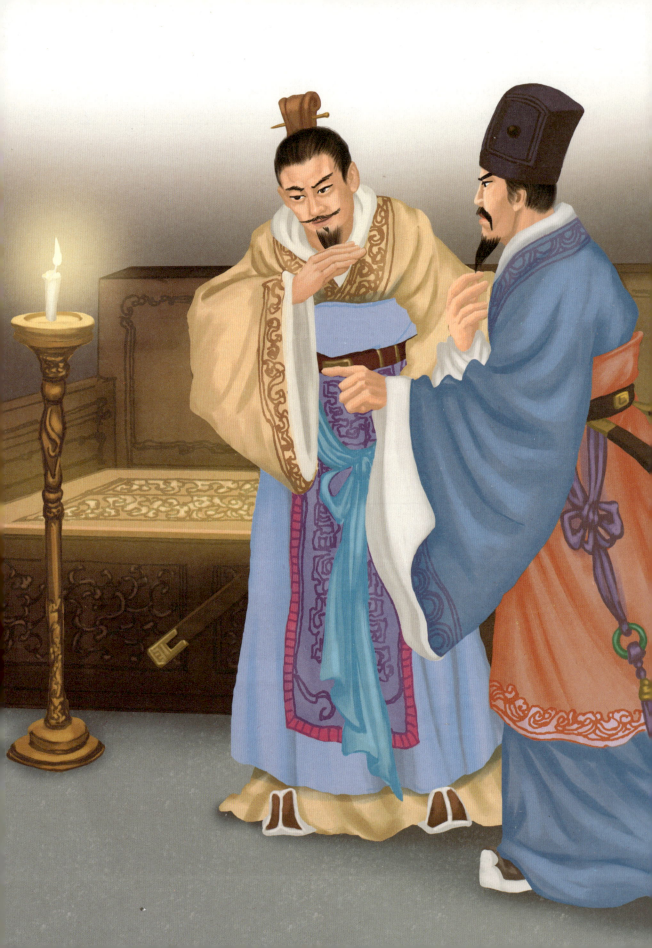

好在曹丕比较有城府，懂得掩饰自己的情感，同时他还是曹氏长子，在祖宗法制"立长不立幼"的法则下还是有一些优势的。

在立储这件事上，曹操十分谨慎，他一直想选一个德才兼备的人继承王位。无奈他疑心太重，对儿子们都放心不下，又担心他们互相结怨，自相残杀。最后，掂量来掂量去，一直到公元217年，曹操才将已经30岁的曹丕立为继承人。

公元220年，曹操因病去世，曹丕继承了王位。他一上台就大力拉拢王公诸侯，制定九品中正制，按官阶大小授予官爵。此外，他还给老百姓分耕地，以此获取民心。等到政权稳定后，曹丕亲率部队南征并取胜，打好了代汉称帝的第一枪。

汉献帝见大势已去，便识趣地将皇位"禅让"给曹丕。正在外地巡游的曹丕得知消息后假意推脱，说自己无德无能。群臣又稍微劝了一下，给他个台阶下，曹丕便正式称帝，改国号为魏，定都洛阳。

当上皇帝的曹丕首先要铲除那些影响他坐稳帝位的人，首当其冲的便是弟弟曹植。曹植才华横溢，深受曹操喜爱，差点被立为继承人。曹丕嫉妒弟弟曹植的才华，便给曹植扣上了一顶谋反的帽子，想将他处死。

朝堂上，他对曹植说："都说你才高八斗，今日我命你在七步之内作出一首诗，否则我就将你处死！"

没想到，曹植真的在七步之内作出那首著名的

▼ 七步诗

《七步诗》:"煮豆持作羹,漉菽以为汁。萁在釜下燃,豆在釜中泣。本是同根生,相煎何太急!"

曹丕知道曹植是在用诗暗喻他们兄弟之间的争斗,不由得心生怜悯。他心服口服,只好兑现自己的承诺,放了曹植。

说起来,曹丕也算是个好皇帝。他在位七年,对内恩威并重,严禁外戚宦官干政;对外削藩收复,加强中央集权。他还实行利民惠民的政策,大力兴办学堂,稳定社会秩序,使魏国的社会经济文化得到全面发展,进入鼎盛时期。要说遗憾,那就是没有实现统一吧!

公元226年,曹丕因病去世,他的儿子曹叡在几位大臣的辅佐下登上帝位,开始了新的统治。此时魏、蜀、吴三足鼎立,三国之间战争不断,曹叡自打登基就没过上一天安稳日子。但曹叡也是一位很有谋略的人,他对外采取积极防御政策,以静制动,并多次击退了外敌进攻,保证了社会的安定,魏国的日子也算太平。可惜,曹叡的命也不长。

公元239年,曹叡突然病重。他派人召回了远在辽东的司马懿,在临终前嘱托他:"我没多少时辰了,太子我就托付给你了,你和大将军曹爽一定要同心协力,共同辅佐太子,助他完成统一大业。"交代完后事,曹叡便驾崩了。

纵观整个曹魏,经过曹操、曹丕、曹叡的努力,一个强大的魏国逐渐建立起来。虽然历史对他们的功过是非有不同看法,但他们确实带领魏国走向强大,这是毋庸置疑的事实。

▲ 曹魏白玉杯

夷陵之战

公元219年,东吴偷袭蜀汉的荆州,杀掉了蜀汉的大将关羽。这时,张飞正在镇守阆中,他听到这个噩耗,恨不得一下子就把东吴给吞下去。张飞的脾气急躁,内心愤懑之下,不是打这个士兵,就是骂那个将军。公元221年,他的部下气不过,就趁张飞睡着了以后,偷偷杀死了他。

接连听到两个结义兄弟的死讯,刘备悲痛欲绝。他这时恨透了孙权,将这些仇都记在孙权账上,准备出兵为兄弟报仇。

公元221年,刘备亲自带领大军攻打东吴。他派吴班率领军队深入夷陵地区,占领秭归。东吴那边,孙权求和不成,于是派出大都督陆逊统领5万吴军,迎战蜀军。

第二年,刘备率军从秭归出发,进攻吴国。得知刘备亲自率军前来的消息,吴国将军纷纷请求出兵迎战。主帅陆逊却认为:"刘备大军正是斗志昂扬的时候,并且他们已经占据了有利的地势,想战胜他们十分困难。我们现在应该耐心等待局势变化。"

吴国的将领听了以后都不以为然,觉得陆逊是惧怕刘备的大军,心里可都对陆逊不怎么满意。

蜀军按照刘备的部署在巫峡建平扎营,大营一直扎到夷陵附近。刘备任命冯习为蜀军总指挥,张

知识链接

救主的赵云

在刘备出兵之前,赵云就苦苦劝他不要意气用事,但是刘备非但不听,还让他留守在后方,没有带他上前线,这反倒救了他自己一命:刘备在夷陵大败,正是遇到了闻信出来接应的赵云,才能顺利地逃到白帝城,避免了被吴军俘虏。

南为前军指挥,和吴军对峙。谁想这一对峙就对峙了差不多半年时间。后来,蜀军有了动作,刘备让吴班率领几千蜀军扎下了营寨,又在山谷设下伏兵。

吴国将领打探到了扎营的消息,都请求出兵去消灭这部分蜀军。陆逊却说:"别着急,这怕是个圈套,先观察几天为好!"刘备左等右等,始终不见陆逊出兵,他便意识到计划失败了,只好和山谷中准备伏击的士兵一起走了出来。

陆逊这边一直按兵不动,一点一点地消磨着蜀军的意志。加上当时天气异常炎热,蜀军已经有些坚持不住了。此时,陆逊知道发动反攻的机会来了。

在正式进行大反攻之前,陆逊可谓做足了"功课"。他先派少量兵力试探性地进攻了一下,借机掌握了一条重要信息:蜀军为了避暑,将大营驻扎在树林附近,非常适合火攻。决战正式开始之后,陆逊抓住机会,让吴军将士们手握茅草突袭蜀军营地,然后果断放火。顷刻间,那里就变成了一片火海,蜀军方寸大乱。陆逊趁势向蜀军四十多座营垒发起了全面的火攻,蜀军走投无路,死的死,降的降。

兵败的刘备带着残兵败将逃往白帝城,到了那里就一病不起,第二年春天,他将后事都托付给了诸葛亮,自己就撒手归西了。

▲ 诸葛亮

千古贤相诸葛亮

诸葛亮出生在官宦世家,他从小父母双亡,由叔父抚养成人。他自幼聪敏异常,颇有谋略,做事成竹在胸。叔父去世后,诸葛亮感叹于这纷纷扰扰的乱世,不愿在其中浮沉,便隐居隆中,任凭他人怎样相劝都不肯出山。

后来,刘备三顾茅庐,用执着和诚心打动了诸葛亮。刘备向他询问天下局势,诸葛亮在《隆中对》中解答了刘备的困惑,他认为如今曹操拥兵百万,挟天子以令诸侯,实力强大,不能和他单打独斗,而应和孙权多加联络,用作外援。荆州北有江河作险据,南可直收南海物产,东连吴郡和会稽,西可进入巴蜀之地,是历代兵家必争的战略要地。而益州地势险要,易守难攻,沃野千里,颇为富饶,乃天府之国。如果能占据荆、益二州,凭险据守,对内革新政治修德施仁,对外与孙权结盟共抗曹魏,再伺机北伐,如此便有望成就大业,复兴汉室!

诸葛亮的话就像一盏指路明灯,照亮了刘备的复汉之路。在诸葛亮的辅佐下,刘备仅仅用了7年时间,就从势单力薄的穷小子,逆袭成为坐拥荆、益两地的一方霸主。

后来,刘备攻打东吴失败,于公元223年在白帝城因病去世。临终前,他把自己的儿子刘阿斗(刘

知识链接

刘禅

刘禅是蜀汉的第二位皇帝。他小时候遭受很多磨难,幸亏大将赵云两次舍命相救,才幸存下来。刘备称帝后,刘禅被立为太子。

刘禅拜诸葛亮为相父,支持姜维北伐,后来宠信黄皓,导致蜀汉日益衰弱。

蜀汉投降后,刘禅被迁到洛阳居住,并封为安乐公,故意装作安于现状的样子,直到去世。

▲ 隆中对

禅）托付给诸葛亮，还嘱托他说如果刘禅实在担不起大任，就让诸葛亮取而代之。诸葛亮感叹于刘备的知遇之恩，暗暗下定决心，一定要竭尽心力辅佐太子。纵观诸葛亮的一生，可谓为蜀国鞠躬尽瘁，死而后已。

● 平定南中

刘备的突然离世使蜀国上下一片慌乱，诸葛亮出面收拾这个烂摊子，他事必躬亲，不论政事大小全都亲自裁决，终于将国内局势稳定下来。与此同时，蜀国外部也不安定，南中地区的少数民族趁着刘备去世纷纷作乱。南中对蜀国极为重要，首先南中地区的少数民族勇猛善战，可以为常年作战的蜀国补充兵源；其次，南中地区物资丰富，可以为蜀国提供军资；另外，南中连接南亚、中亚等地区，是蜀国与外界沟通经济和文化的枢纽。如今，诸葛亮的当务之急便是出兵平定南中的叛乱。

▼ 武侯祠

唐朝著名诗人杜甫游览武侯祠时，写了一首诗《蜀相》，表达了对蜀汉丞相诸葛亮忠心报国的称颂，以及对他出师未捷而身死的惋惜之情。

全诗内容如下：
丞相祠堂何处寻？
锦官城外柏森森。
映阶碧草自春色，
隔叶黄鹂空好音。
三顾频烦天下计，
两朝开济老臣心。
出师未捷身先死，
长使英雄泪满襟。

公元225年，诸葛亮率领大军南征。他调兵遣将，运筹帷幄，在这年秋天就降服了众多作乱的部众，顺利平定了南中的叛乱。虽然叛乱都被平定了，但他们并不是真心归属蜀国，只是暂时臣服而已。为了稳定局势，诸葛亮实行民族自治，将南中地区分为七郡，承认当地首领的权力，通过他们对民族地区进行统治，并派遣大将驻扎在南中当太守，暂时缓和了蜀国和南中之间的尴尬气氛。这年年底，诸葛亮便率军凯旋，南征就此告一段落。

北伐备战

平定南中叛乱后，蜀国的大后方已经稳定了，接下来就要去北边跟魏国比划比划了。为了北伐，诸葛亮作了各个方面的准备。在军事上，他积极训练军队，完善武备，提升军队整体战斗力；在外交上，他派使者出使东吴，与东吴议和并结成同盟；在经济上，他大力兴修水利，发展生产，为北伐提供充足的物资储备。

公元226年，魏文帝曹丕病逝，明帝曹叡继位。趁着魏国新帝登基，根基不稳，诸葛亮和老将赵云、魏延等人率军驻扎汉中，准备伺机北伐。

其间，诸葛亮给刘禅上书《出师表》，他在这份奏章中针砭时弊，分析了当下的局势，以恳切的言辞反复劝勉刘禅要开张圣听，赏罚严明，亲贤远佞，以继承其父的遗志，完成"兴复汉室"的大业。虽然魏国新帝登基，但是魏国底子还在，实力并没有被削弱。蜀国只有和吴国联合起来前后夹击，使曹魏腹背受敌，应接不暇，才有可能和魏国一争长短。

知识链接

《出师表》是诸葛亮在北伐之前特意写给刘禅的。其中的言辞分外恳切，既道出了他"鞠躬尽瘁，死而后已"的决心，又表明了他对刘禅兴复汉室的期望。

《出师表》以议论方式为主，也有记叙和抒情部分。历史上有《前出师表》和《后出师表》。我们所说的《出师表》通常指《前出师表》。

上书《出师表》的同时，诸葛亮还在蜀国实施了很多政治、经济措施，为蜀国的繁荣奠定了坚实的基础。

▲ 诸葛亮北伐

○ 五次北伐

为了稳定内部，恢复汉室，掌握战争的主动权，诸葛亮先后进行了五次北伐。

第一次北伐在公元 228 年，诸葛亮亲率各路大军攻打祁山，魏明帝派张郃率军迎战，并西迁长安亲自坐镇。诸葛亮派马谡督率各军前进，和张郃大战于街亭。不料马谡违反军纪，没有按照诸葛亮的部署行动，失了战略要地街亭，被张郃击败。回到驻地后，诸葛亮严肃分析了这次失败的原因，马谡也承认这次战败都是他的责任。为了严肃军纪，诸葛亮狠下心挥泪斩马谡。此后，诸葛亮每次出征都会亲临指挥。

同年冬天，诸葛亮发起第二次北伐。他采用声东击西的战术，明修栈道，暗度陈仓，但遭到对手曹真的负隅顽抗。由于路途遥远，军用物资供应不及，蜀军粮食已经吃完，诸葛亮无奈只好退兵。在退兵途中，魏国猛将王双率骑兵追了上来。诸葛亮用计打败魏军，斩杀王双，这次出征也算有一些战果。

第三次北伐在公元229年春，诸葛亮派人为率军攻打武都和阴平，魏国大将郭淮率军迎战。诸葛亮见状便亲自率兵增援，最终郭淮兵败退兵，诸葛亮得以占领武都、阴平二地，扩大了蜀国的地盘。

第四次北伐，诸葛亮的进军目标是祁山、陇右，与魏国司马懿等将领对阵数月后，最终又因为缺粮被迫退兵。此战之后，蜀军元气受损，不得不暂时停止北伐的步伐。

经过三年的养精蓄锐，公元234年，诸葛亮又在汉中地区集结起十万大军，准备发起第五次北伐。魏将司马懿亲率大军驻扎于渭南，与诸葛亮列阵对峙，双方僵持不下，谁也不敢轻举妄动。在这100多天的对垒中，诸葛亮身体越来越弱，日渐消瘦。司马懿从使者口中得知诸葛亮的身体状况后欣喜若狂，大笑道："诸葛亮事必躬亲，辛累异常，迟

知识链接

失街亭的后果

蜀汉丢失街亭后，第一次北伐宣告失败。以后诸葛亮数次北伐，都没有比这次令三郡投降更有震撼力。原因在于，刘备北伐失败后，蜀国元气大伤，曹魏没有料到诸葛亮会北伐，边境未曾防备。但第一次北伐后曹魏加强防备，诸葛亮后面几次北伐均无功而返。

▼ 独轮车

据专家猜测，史书中提到的木牛流马，很可能就是诸葛亮发明的独轮车，因为独轮车非常轻便，适合在崎岖山路上行驶。至今科学家也没有找到木牛流马的原型。

早过劳死。等这老家伙一死，蜀国的气数也就尽了。"

同年，诸葛亮因不堪重压而病重，不久离世，享年54岁。他这一生致力于匡复汉室，为蜀国鞠躬尽瘁，死而后已。只可惜岁月无情，随着诸葛亮的离世，复兴汉室的大旗也被掩埋在历史深处了。到这时，那些在三国时期熠熠发光的英雄们悉数退出历史舞台，那个群雄割据的伟大时代也随风飘摇而去。

> **知识链接**
>
> **诸葛亮的激将法**
>
> 　　为了诱使司马懿出战，诸葛亮派人给司马懿送去一身女人的衣裳。司马懿知道是计，他坚持避战，但为了消除魏军的主战情绪，司马懿故意向魏明帝请战。魏明帝洞察其情，派辛毗到军营阻战。
>
> 　　从那以后，诸葛亮只要骂阵，司马懿便装出与之决战的样子，但每次都被辛毗拦住。

狡猾的司马懿

司马懿是魏国大臣，他极富心机，善于谋划，很早就跟着曹操四处征讨。在曹叡执政时期，司马懿从一个谋士升级为当朝大将，展现出令人叹服的城府和谋略。当时诸葛亮睿智之名传遍天下，司马懿也知道自己智谋不如诸葛亮，但他没有自怨自艾，而是决定和诸葛亮比寿命。

最终，他成功"熬"死了诸葛亮，接着又用了一年时间平定了公孙度辽东造反，保卫了魏国的统一，成为权倾一时的重臣。

后来，曹叡病重，临终前把太子托付给司马懿和曹爽共同辅佐。刚开始辅政时，两位辅政大臣还算和气，曹爽遇到事情不敢专断，都会找司马懿商量着来。但好景不长，曹爽的野心不断膨胀，他看不惯魏国的权力落入司马懿这个外姓人手中，不想

▲ 司马懿

再与司马懿分享权力。

为了"立威名于天下",曹爽不顾大家的反对强行征讨蜀国。但因为蜀国防守严密,物资运输不及时,曹爽战败,只好撤兵。

一计不成,曹爽又生一计,他先是把自己的亲信安插到尚书台,控制了当时的权力中枢,并且处理朝政时不再和司马懿商量。后来,他又假意升司马懿为太傅,夺去了他的兵权,用明升暗降的方法将司马懿在政治上逐渐边缘化。在挤掉司马懿后,曹爽又通过自己的兄弟控制了禁军,完全掌控了魏国的朝政。面对曹爽的咄咄逼人,司马懿选择了隐忍。他先是借口生病不再上朝,后来夫人张春华过世,司马懿便以此为借口退出朝堂,回家颐养天年去了。

司马懿退出后,曹爽以为自己大权在握,便肆无忌惮地胡作非为。他在生活上奢靡腐朽,处理朝政时也愈加嚣张跋扈,经常强抢民田,迫害官员,倒行逆施,引起朝中不少大臣的不满。公元248年,曹爽派李胜去司马懿的住处拜访,顺便看看这个老家伙身体如何,有没有偷偷搞些小动作。司马懿故意在李胜面前装作一副衰老病重的样子,好像马上就要一命呜呼了。李胜把自己看到的情况回禀给曹爽,曹爽便更加没有戒心了。

在执政期间,曹爽曾多次与曹羲等兄弟出城游玩。有人规劝曹爽,认为他们兄弟掌握朝政和禁军,不宜一起出城,否则城中突生变乱的话他们就会被关在城外,无法回到洛阳控制大局。

> **知识链接**
>
> **乱政的曹爽**
>
> 曹爽是大司马曹真的长子,三国时期曹魏的宗室、权臣。曹爽原本谦虚谨慎,后来逐渐违法乱纪,侵吞财产,盲目伐蜀,导致国内空虚。他的起居自比皇帝,还将郭太后迁到永宁宫软禁。
>
> 公元249年,司马懿蓄谋已久,发动高平陵政变,解除了曹爽的大将军职务,后又借谋反之罪,在朝议后将其族诛。

▼ 司马懿装病

> **知识链接**
>
> **三公之一的太傅**
>
> 太傅是中国古代官职，始于西周，是朝廷的辅佐大臣与帝王老师（帝王年幼或缺位时他们可以代为管理国家），掌管礼法的制定和颁行，三公之一。

▼ 竹简

曹爽却不以为意，认为朝中没人能把他怎样。但司马懿已经在暗中韬光养晦，积蓄力量。他早就让自己的两个儿子在洛阳各地部署将士，随时准备伺机兵变。

公元249年，少帝曹芳与曹爽等人去洛阳城外的高平陵拜祭魏明帝，司马懿一直等待的机会来了！他突然在洛阳发动政变，占据洛水浮桥，关闭洛阳城门，接管了曹爽的职权和曹羲的禁军，并向素来与曹爽不和的郭太后上奏，请旨罢黜曹爽，控制了洛阳的局势。

曹爽得到消息后顿时瘫倒在地，不知如何是好。司马懿为了彻底除掉曹爽，谎称只要放弃抵抗，交出兵权，就可以保留爵位。

曹爽想了一夜，最终决定向司马懿认罪投降，并请皇帝罢免自己的职位。不久后，司马懿便将曹爽兄弟和他们的亲信党羽屠灭三族，赶尽杀绝。

这就是著名的高平陵事变，司马懿在这场权力的争夺中赢得非常漂亮。他露出了自己的真面目，与曹魏政权彻底分道扬镳了。

虽然不久后司马懿就病逝了，但是他的两个儿子司马师和司马昭依然继续掌握着曹魏政权。

公元265年，司马昭去世，他的儿子司马炎在高平陵事变过去十几年之后代魏称帝，改国号为晋。经过司马氏三代人的努力，司马炎最终结束了曹魏政权，建立了一个新的王朝。

频繁内乱的吴国

公元220年，曹丕称帝，建立魏国，不久后蜀地的刘备也称帝，建立蜀汉政权。但占据江东的孙权，碍于北方曹丕和益州刘备的双重压力，只能忍辱负重暂不称帝，而向曹丕称臣。公元221年，孙权接受了曹丕所封的"吴王"的封号。

和曹丕结盟后，孙权得以全力对抗刘备，在公元221年到222年的夷陵之战中，孙权最终大败刘备。孙权隐忍多时，直到曹丕去世，曹叡即位，而且自己又和蜀国达成了互不侵犯的条约，以及约定将来要联手瓜分魏国之后，才放心称帝，建立了孙吴王朝。

公元229年，孙权登基以后，追谥他父亲破虏将军孙坚为武烈皇帝，追封他的母亲吴氏为武烈皇后，而且还封哥哥讨逆将军孙策为长沙桓王，策立孙登为皇太子。

此外，他上台后还设立了校事、察战两个官职，负责暗中监察朝廷百官们的言行。到了晚年，孙权变化很大，他行为乖张，不相信自己的属下，对江东士族疑神疑鬼，经常严酷用刑，导致大臣们与自己离心，不敢进忠言，冤狱屡兴不止，吴国乱象丛生。

孙吴政权的发家，离不开一批江东的士大夫，

> **知识链接**
>
> **架空曹魏的司马师**
>
> 司马师性格沉稳，志向远大，起初与夏侯玄、何晏齐名。高平陵之变后，被封为长平乡侯。司马懿死后，司马师便开始以抚军大将军的身份辅佐朝政，掌握朝中大权。成为大将军后，他还制定了选吏制度，整顿朝纲，自此，官员们各司其职，朝政变得清明了许多。司马师还善于带兵打仗，曾用计在新城之战中打败吴国诸葛恪的大军。

有跟随孙策征战多年的，比如来自幽州的程普和韩当，荆州的黄盖，还有张昭、薛综、严峻等人；此外，还有孙权的旧部，如大臣顾雍、陆逊等人。这些人大部分都是江东的士大夫。

早先，孙策横扫江东时，极为重用南迁人士，而冷落打压江东的豪门望族。赤壁大战之后，孙权打算与曹魏、刘蜀三分天下，因此，他开始不再重视孙坚的旧部，而大力提拔江东的士大夫。

夷陵之战结束后，孙坚的旧部慢慢地淡出了权力的中心，代替他们的是孙家的宗室子弟和士大夫。孙权称帝后，江东士大夫集团的权力越来越大，孙权为了平衡他们，就有意压制他们的势力，并重新重用南迁人士。不仅如此，他还对"前任"官员们赶尽杀绝。当时东吴的一位功臣陆逊见到这种情形，不禁感到心灰意冷，他与太常潘濬相顾无言泪千行，感慨以前和睦而又团结的岁月不再。

公元241年，既定太子孙登病死。孙权无奈之下于次年又立另一子孙和为太子。但立下太子后，孙权又认为孙和的弟弟孙霸也是做太子的良选，于是他又立孙霸为鲁王，并给予了他与太子同样的待遇。这样一来，孙霸与孙和之间就产生了巨大的矛盾，并演变成了太子派和鲁王派的党派之争，也称"二宫之争"。太子一派的陆逊、诸葛恪、顾谭等人，和鲁王派的步骘、全琮、杨竺、吴安、孙奇等人争斗激烈。

对于这件事，陆逊曾多次上书孙权，并请求要到京城当面与孙权讲明要有嫡庶之分，

> **知识链接**
>
> **孙和、孙霸的悲惨结局**
>
> 二宫之争令朝堂乌烟瘴气，孙权为了稳固统治，打压各派大臣，采取了一系列阴谋手段：
>
> 首先，他利用鲁王一派人诬告太子孙和，借机大肆清理、诛杀太子一党。
>
> 接着，为了安抚江东望族，孙权又转而打压鲁王一派，将相关人士尽皆诛杀。
>
> 最后，孙权废掉孙和，处死鲁王，立孙亮为太子。

▼ 虎符

▲ 陆逊

陆逊是三国时期吴国著名的政治家、军事家。他追随孙权四十多年，后来掌管军政十多年，深受孙权的信任。他深谋远虑，被后人赞为"社稷之臣"。

以纠正得失。但孙权根本不理会他的上书，他从小就偏爱孙霸，因此他听信了鲁王派的谗言，将太子幽禁，还杀死跟随太子的朱据、陈正。陆逊的外甥顾谭、顾承和姚信，都是太子一党，因此，孙权还下令将他们流放。太子太傅吾粲也因为和陆逊有书信往来被治罪，被关进监狱致死。孙权还多次让人责备陆逊，公元245年，陆逊因长期积愤而死，时年63岁。后来，孙休追赠他为"昭侯"。

在这里，有必要提一下陆逊这个人。陆逊为人风流倜傥，文武双全，他21岁入仕，一路升职，在夷陵大战前，已经官至宜都太守、抚边将军，大战结束后因有功又加封为辅国将军，可以说是风采无限。公元229年，陆逊又被封为上大将军，后又兼任丞相一职，可谓是一人之下万人之上，但他直到死时，家中都没有什么积蓄。

公元250年，孙权又册立儿子孙亮为太子。第二年，孙权又将大将军诸葛恪封为太子太傅。为了让百姓休养生息，孙权下令省徭役、减征赋，减少百姓的负担。孙权用铁腕手段清除了所有可能对孙家产生威胁的人。但同时，他的作为也让他痛失了一大批人才，君臣离心，吴国国力受挫，已经不能和曹魏相抗衡了。

公元251年，陆逊的儿子陆抗到京城医治疾病。孙权此时认识到了自己的不对，于是他主动向陆抗表示歉意说："我之前听信谗言，没有礼遇你的父亲，也因此亏待了你。"第二年，孙权病逝，时年70岁。

他驾崩后，太子孙亮继位，因孙亮才10岁，所以朝政由大臣诸葛恪、孙弘、孙峻等辅佐。

孙权为了使自己的子孙后代可以坐稳皇帝的位置，死前除掉了许多潜在的威胁，但他的子孙们却一个不如一个，一个比一个短命，短短十几年的时间里就换了四个皇帝，而朝中也再没有出过优秀的大臣或将帅，最终吴国被西晋灭亡。

▲ 陆抗

陆抗是三国时期吴国的著名将领，是丞相陆逊的儿子。

孙皓登基为帝后，陆抗先后担任镇军大将军、都督等职务。吴国凤凰元年（272年），他率军击退了晋朝名将羊祜的进攻，后来被拜为大司马、荆州牧。

无力回天的姜维

吴国后来虽没有什么人才，但蜀国倒是有一个优秀的青年——姜维。

姜维你可能没有听说过，但他的师傅是大名鼎鼎的诸葛亮，姜维正是诸葛亮唯一的学生，姜维虽不能与诸葛亮相比，但他也称得上是一位极有谋略之人。姜维和诸葛亮相识于诸葛亮的一出祁山，当时姜维是蜀军的俘虏，诸葛亮觉得26岁的姜维颇有天赋，是个可塑之材，于是有心收他为徒，而姜维被抓后也被诸葛亮的才华折服，就投靠了诸葛亮。此后，蜀国的命便和姜维息息相关了。

据说，诸葛亮在最后一次北伐途中病逝，姜维当即封锁消息，但消息还是被人传了出去。司马懿得知后马上起兵进攻蜀军，姜维却早有计谋，临阵

> **知识链接**
>
> **姜维北伐**
>
> 　　姜维是三国时蜀汉名将，官至大将军。诸葛亮死后，姜维在蜀汉中开始被重用，并继续率兵北伐曹魏。
>
> 　　姜维先后北伐多次，胜多败少。因为蜀汉很多大臣反对北伐，宦官黄皓专权，姜维不得已到沓中屯田避祸。后来司马昭命令邓艾、钟会伐蜀，姜维阻挡钟会大军，但邓艾从小路偷袭成都，刘禅投降。姜维便假意投降钟会，劝说钟会反魏以恢复汉室，但钟会叛变失败，魏军将姜维和钟会一并杀害。

不乱，树起了诸葛亮的大旗。司马懿是个多疑之人，他心想："诸葛亮不是死了吗？这蜀军还打着他的大旗，难道他是诈死，这是个圈套？"

于是，司马懿连忙下令退兵。姜维见他撤退，又命人在前线造势，自己则带着剩余人员全身而退。

可惜，蜀国走向落败是注定的事。尽管诸葛亮生前曾用尽计谋，平息了很多派系之争，让大家团结起来，一致对外，但大将魏延和长史杨仪之间还有心结。诸葛亮死后，杨仪就找借口杀了魏延，军师费祎又将杨仪贬为庶民。再后来，连费祎也遇刺身亡了。大臣们之间的争斗不是姜维一人可以消除的，但他还是为蜀国立下了汗马功劳。

三国中，蜀国国力最弱，关羽大意失荆州后，蜀国只剩下益州一地，若对手再攻打过来，蜀国将面临亡国的危险。因此，诸葛亮觉得与其这样坐以待毙，不如主动出击。诸葛亮曾经五次北伐，多次攻下魏国的城池，姜维想：如果自己可以继续这个计划，那么蜀国定会崛起。

就这样，姜维执着地组织了十一次北伐战争，一共取得了五次胜利，四次平手，仅两次败绩，不愧是诸葛亮的徒弟。

公元263年，魏国大将邓艾和钟会发兵进攻蜀国，这时蜀国正由宦官掌政，姜维本在外避难，但他听到消息后立刻出山，要带兵抵抗，但邓艾又绕道攻下绵竹。姜维收到消息，正要紧急调兵支援时，刘禅却已投降，无奈，姜维只好投降。

但事实上，姜维只是假意投降，他在寻找反击的机会。当时，蜀国的大臣们看大势已去，都在逃命，而姜维正在导演一场精彩的戏。

原本是邓艾和钟会两人一起攻下蜀国，但最后只有邓艾一个人接受刘禅的降书，因此，钟会就心里不平衡了：凭什么功劳都是你一个人的？

姜维投降钟会后，钟会并没有为难他，反而因为他的名声，遇事还会和他商量。姜维于是建议钟会趁机除掉邓艾。钟会就收买了监军，诬告邓艾要坐拥成都造反。

司马昭一听，立刻下令解除邓艾的军职，将其收押。公元264年，钟会到成都时，邓艾父子俩几乎要被饿死了。

姜维帮助钟会后，钟会更加信任他，慢慢地，姜维开始了第二步计划——策反钟会。姜维对钟会说："如今，魏军都听你指挥，而我则是蜀军的将领，我们的兵力加起来，可以打得过司马昭的手下啊！"

钟会听后认真思考：目前局势复杂，朝中不少人等着看我的笑话，现在我握有军权，还有姜维这个军师，何必在魏国受气呢？于是，钟会答应与姜维一同叛魏。

但钟会把叛魏的计划向手下宣布后，除了他的亲信，其他的魏军将士都反对，说："我们都等着回去领封赏，和家人团聚呢，好端端的，干吗要反叛呢？"姜维和钟会于是铤而走险，计划将不听令的魏军官兵关起来，但还没行动，就有魏军官兵先下手为强了。最终，姜维和钟会终因寡不敌众，都战死了。

> **知识链接**
>
> **司马昭之心，路人皆知**
>
> 司马师废除曹芳后，立曹髦为帝。曹髦对司马师、司马昭兄弟的专横跋扈非常不满，心中常怀怨恨。司马师死后，司马昭接过他的大权。甘露五年（260年），曹髦召见王经等人说："司马昭之心，路人所知也。"并准备亲自率兵讨伐司马昭。讨伐失败后，曹髦被贾充手下的成济弑杀。

不久后，刘禅举家被押送到洛阳，被司马昭以魏元帝的名义封为安乐县公。一日，司马昭特意设宴招待刘禅，还特地请人表演蜀地的技艺，宴上有很多人触景生情，忍不住暗暗流泪，刘禅也感到哀伤，但他看到司马昭正在看自己的反应，就强充笑脸，做出开心的样子。司马昭以为刘禅是个没心没肺的人，就逐渐放下心来。

演奏结束后，司马昭问刘禅："您到洛阳一年了，还想念蜀国吗？"

刘禅回答说："这儿可比蜀国好多了，我都想不起来蜀国的样子了！"司马昭听了哈哈大笑。这就是成语"乐不思蜀"的由来。

蜀汉的老臣郤正是有骨气之人，司马昭走后，他对刘禅说："主公，您刚才的话多有不妥。如果以后他再问您同样的问题，您应该表情悲痛地告诉他，'我祖辈的坟茔都在蜀地，我怎么会不想家呢？'"

刘禅点点头，牢记在心。

没过几天，生性多疑的司马昭又问了这个问题。刘禅没有多想，就按郤正所教的，装出一副悲伤的样子，说了那些话。

司马昭问："你这番话怎么这么像郤正所说的？"刘禅一惊，说："先生怎么知道？这就是郤正教我说的话！"司马昭听了，哈哈大笑起来，从此再不对刘禅生疑。这下刘禅彻底安全了，他在洛阳安安稳稳地生活了很多年，一直到公元271年病逝，终年64岁。

> **知识链接**
>
> **刘禅为什么叫阿斗**
>
> 刘禅被后人称为扶不起的阿斗，讽刺他在诸葛亮的全力辅助下仍然不会治国。那么，刘禅为什么被称为阿斗呢？据说刘禅的母亲甘夫人梦见吞下北斗星而怀上刘禅，所以刘备就给他起名为"阿斗"。后人常用"阿斗"或"扶不起的阿斗"一词形容庸碌无能的人。

这就是 中国历史 三国两晋南北朝

最后的赢家

曹丕称帝后，曹氏实力越来越弱，司马家族却逐渐壮大。司马师和司马昭兄弟二人将曹芳赶下了龙椅，他们原打算让曹操的另一子曹据当皇帝，但太后觉得曹据是先帝的叔父，不合礼法秩序，于是打算另立曹丕的孙子高贵乡公——曹髦为帝。司马师争辩不过，就依从了太后的命令。曹髦即位后，封司马师为相国。

司马师常常干预朝政，让与其交好的淮南毌丘俭感到不满，于是毌丘俭就拉拢扬州刺史文钦，准备一起干掉司马师。公元255年，毌丘俭与文钦两个人假借太后的名义，以司马师把持朝廷为由，发布诏书，要起兵讨伐他。司马师旋即率领十万将士迎战，他听从了钟会的建议，将毌丘俭一方的淮南将士的家属们都关押了起来，以此迫使他们退兵。毌丘俭与文钦实在没有办法，被逼无奈

之下，只好投降。他们投降后，原本司马师就可以执掌朝局、问鼎皇位了，但天不作美，他因为脸上的一颗瘤子破裂而去世，弟弟司马昭继承了他的权位。

司马昭当政后，如愿灭掉了蜀国，但他还有一个更大的心愿没有完成，那就是彻底结束三国鼎立的时代，实现一统天下的抱负。公元265年，司马昭的儿子司马炎逼迫魏元帝曹奂退位，改由自己做皇帝，并改国号为"晋"，史称晋武帝，开启了新的一页历史。

司马炎登基后，一直想着东吴还没有归顺自己，统一大业还未完成，就一直在计划灭吴，他任用羊祜管理荆州各项军务。羊祜已经驻守荆州多年，他从来没

和东吴有过正面的冲突。他的聪明之处，在于不用武力，而是用"攻心术"瓦解敌人。

据传，有一天，羊祜带人去打猎，在路上刚好碰到了东吴的现任都督陆抗，他也带着随从打猎，于是，羊祜就对自己的手下说："我们只能在自己的地盘上打猎，玩玩就好，谁都不能越界打猎。"他的手下听命，都只在自己的地盘上打猎，没有一个人跑到东吴的地盘。陆抗远远看见了，连声感叹道："这一小事可见羊祜将军治军有方，军纪严明，他是个不可多得的人才啊，将来一定是一个难得的对手！"

到了晚上，羊祜打完猎返回军营后，发现有很多的猎物身上是东吴的箭，于是就让人把这些猎物收好，又派人原封不动地给陆抗送过去。陆抗见羊祜这么友善，收到猎物后，又专门让人把自己亲手酿的酒带上，回赠羊祜，以示感谢。羊祜拿到酒后，正要小酌几杯，他的手下陈元不放心地说："将军切莫大意，要是陆抗在给您的酒里偷偷下毒怎么办？"

羊祜摆手笑笑说："你完全不必担心酒会有毒，陆抗将军不会是做这种事的小人！"说完就干脆地喝了起来。还有一次，陆抗生病了，羊祜就派人送了一副药给他，陆抗问都不问，就服用了。当时，陆抗的手下都劝不要服这副药，陆抗却说："你们大可放心，羊祜不是用毒药害人的人。"可见那时，晋、吴前线能够和平相处。经过七年的精心筹备，晋国准备充足，军事力量大增，东吴根本不是晋国的对手。

▲ 羊祜

羊祜是魏晋时期的大臣，是著名的战略家、政治家和文学家。司马炎建立西晋后，常怀有吞吴之心，便命羊祜出镇襄阳，羊祜赴任后，便屯田兴学，以德怀柔，深得民心。他还严格训练士卒，备好铠甲，做好了伐吴的各项准备工作。

知识链接

杜预

杜预是西晋著名的政治家、军事家和学者，是灭吴之战的统帅之一。杜预钻研古籍，且成就非凡，被称为"杜武库"。他写有《春秋左氏经传集解》《春秋释例》等。

因此，在陆抗病逝后，羊祜就上书说如今万事俱备，是讨伐吴国的最好时机。但也许是冥冥之中对手间的惺惺相惜起了作用，上书没多久，羊祜也很快病逝了。

司马炎派将军杜预代替羊祜，准备领兵攻打东吴。为确保此战万无一失，一击必胜，司马炎还命王濬在蜀国境内铸造船只，然后从水陆同时出击，包围东吴。万事俱备，东风已到，公元279年，晋国军队攻入东吴。东吴虽然也在顽强抵抗，但根本敌不过晋国七年的养精蓄锐，将士们丢盔弃甲，接连败退，晋国则一路气势高涨，越战越勇。第二年，晋国就彻底打败了吴主孙皓，占领了吴国的疆土，吴国终于被拿下，三国之争，终于在司马炎手下终结，而司马炎也成了笑到最后的赢家。

闯关小测试

1. 写下《白马篇》的作者是（　）
   A. 曹植　　B. 曹丕　　C. 曹冲

2. 诸葛亮第一次北伐时，失掉街亭的将领是（　）
   A. 魏延　　B. 姜维　　C. 马谡

3. 刘禅投降后，姜维只好向（　）投降。
   A. 钟会　　B. 邓艾　　C. 司马昭

参考答案：1.A　2.C　3.A

短命的晋王朝

笑到最后的司马家族，建立了全新的晋王朝。在司马炎的领导下，晋王朝也确实出现了鼎盛繁荣的局面。但是俗话说："饱暖思淫欲。"随着司马炎执政的时间越来越长，他本人也开始变得昏庸起来，刚刚建立的政权又开始走向了下坡路。与此同时，社会文化却得到了极大发展，涌现出了一大批文化名人，他们也在不知不觉中推动着中华文化飞速发展。

新王朝的新气象

虽说曹操好不容易才打下了曹魏政权，但其实，此时曹魏的生命已如同那秋后的蚂蚱，实际掌权的是司马家族。公元265年，在司马炎多次威逼利诱下，魏国末帝——魏元帝曹奂也被迫宣布退位。这一年十二月，司马炎大张旗鼓地在洛阳开启了隆重的即位仪式。在仪式进行过程中，他在百姓面前表现得有模有样，祭拜天地时他对大家说："我明白我此时的资格还远远不够当皇帝，但我愿意为

> **知识链接**
>
> **最幸运的亡国之君曹奂**
>
> 曹奂是三国时期魏国最后一位皇帝。曹奂虽名为皇帝，但实为司马氏的傀儡。咸熙二年（265年），司马昭去世后，他的儿子司马炎很快就篡夺了魏国政权，曹奂也被降封为陈留王得以善终，是历代亡国之君中最幸运的。

这就是 中国历史 三国两晋南北朝

▲ 司马炎

司马炎即位初期能厉行节俭，虚心纳谏，进行了较多的改革，但后来逐渐腐化堕落，导致君臣奢侈浪费，为西晋埋下了隐患。前明后暗是对他最公正的评价。

了天下的百姓担起这个重任，希望天下百姓都能够安居乐业。"同时，司马炎向百姓们保证，自己做了君王，绝不会只是贪图享乐，而什么都不干，一定会与所有人同甘共苦，一起铸造国家的美好未来。对于司马炎此时称帝，百姓们其实并没有太多的反对意见。因为经历过三国时期的频繁战争和国家的动荡不安以后，只要能保证不再打仗，与民休息，不管是谁称帝大家都没有意见。

公元265年，司马炎洛阳即位，年号为太康，这便是历史上有名的晋武帝。新官上任三把火，那么司马炎登基之后自然也是要力图对国家发展做出大的改变，他陆续推行了一系列改革措施。因为他很清楚，若是想要坐稳这个皇位，就必须社会稳定，而一个社会的稳定，人是其根本，要从老百姓出发。若是每一个老百姓都能安居乐业，那怎么还会有想造反的呢？因此，西晋刚成立的那几年，在晋武帝司马炎的带领下，国家的确是有了很大的变化，出现了一些新的面貌。他实行了以下几方面的措施：

知识链接

屯田制

汉朝以后，历代政府为了取得军队给养或税粮，便让士兵、人犯、无地农民等垦种荒地，这就是屯田制。

○ **实行占田课田，限制征兵**

之前曹魏时期，为开拓更加辽阔的土地，需囤积大量的军粮，因此实行的是屯田制。这种制度非常军事化，要求所有粮食收割以后都要先送到前线充当军粮，剩下的才分给老百姓，让他们填饱肚子。这样的制度让老百姓的日子简直是没法儿过！如此，老百姓和奴隶之间又有什么实质性的区别呢？司马炎也看到了这种制度的弊端，他登基以后，就下令将屯田制改为了占田课田制。所谓占田课田制，就是一种全新的土地赋税制度。这个制度的主要内容是：老百姓每家每户都按自己种地的多少来交税，种得多自然就交得多，而种得少的百姓交得也相对少一些。此外，还规定按照每家每户的人数不同，可增加田地的种植面积。这个土地赋税制度，显然是比曹魏时期直接像奴隶一样给军爷种地划算多了，老百姓都非常高兴，全力支持。

那时候的老百姓除了田地的压力，还有较为沉重的兵役压力。曹魏时期，都城和地方郡县都布置有军队，而且当地的长官也被许可随便征兵。只要军装发给了你，那你就乖乖上战场打仗吧。如今，军队由国家进行统一征兵，统一管理，不允许地方随便征兵，因此这个制度也让大家非常高兴。这一举动，让大家都奋力搞生产，整个社会都呈现出一片欣欣向荣的景象。

◉ 清查户口，安顿流民

三国时期，战争非常频繁，大家一言不合就发动战争，死伤人数众多，老百姓都深受战争之苦，被迫四处逃难，既没有稳定的住所，也没有户口，而且还有一些人被当地的豪强霸占财产，生活真的是苦不堪言。司马炎即位以后不久，他就下令要把所有流民都好好安顿起来，并且规定流民就地上户口。正是这样的举措，才让西晋的户口数在太康年间就达到了东汉末年以来最高水平。

◉ 清简法律

对于老百姓来讲，国家的法律异常复杂，而且也没有通过简单易行的途径进行普法活动，加之大部分老百姓受教育的程度都很低，因此对于国家的法律条令根本就弄不清楚，一不留神就会犯事儿，受到非常严厉的惩罚。

司马炎登基以后，就立刻着手精简法律，他一声令下将那些曾经非常复杂的，甚至连官员们都难搞清楚的法令给废除，接着又去掉了那些可有可无的法律。同时，他还进行普法活动，派人将那些死罪条目罗列出来，在各地进行张贴，让大家清楚哪些事做不得，起到了非常好的警示效果。

通过晋武帝一系列的改革，经历了三国战乱以后，社会开始发生转变，逐渐走上正轨。在公元280年之后的十年时间里，西晋相对繁荣稳定，呈现出小康的局面，也正是因为如此，后世史学家将这个阶段称为"太康之治"。但是，司马

▼ 太康之治

炎做的这一切真的是发自真心为了老百姓吗？当然不是。皇帝就是皇帝，在皇帝的心里只有自己的皇位和江山最为重要。司马炎之所以这么做，归根结底，只是为了自己江山地位的稳固。

司马炎还认为，之所以曹魏会那么快一命呜呼，是因为忽略了自己的兄弟子侄，没有通过给他们分封来壮大自己宗族势力。现如今自己当皇帝了，他便大力培植他们在各个地方的势力，这样就可以使他们以后能够成为维护自己统治和地位的可靠力量。

因此，司马炎延续了两汉时期的封国制，在全国确立王、侯两级分封制，同时又结合西周时期的五等爵制的传说，分级制定五等爵。相比西汉初年的分封诸侯王，西晋诸王他们的封地要小很多，而且实际利益也缩水了不少。但西晋的各诸侯王多是监督地方军事，都掌握着地方的军政大权，这也成为他们此后发展为地方割据势力最为有利的条件。同时，朝廷还给地方上的世家地主以政治和经济上的诸多优待，正是由于这种无限制的特权，世家大族在政治和生活中都逐渐腐化，也导致这个好不容易得来的小康局面没有维持多久就结束了。

知识链接

分封制

分封制是古代国王或者皇帝分封诸侯的制度。从商朝开始，就有分封诸侯的现象，称为侯和伯。周灭商后，便大规模分封诸侯，以利于周天子的统治。各诸侯虽然在自己的封国内有世袭统治权，但同样必须服从天子的命令，定期朝贡，提供军赋和劳役，以维护周室的安全。

春秋战国时期，更具适应性的中央集权的郡县制慢慢取代分封制。秦始皇统一天下后，开始推广郡县制，并废除分封制，建立了中国第一个专制主义的中央集权的王朝。

此后的王朝也有分封的情况，但性质已不尽相同。

堕落其实很容易

完成了一系列改革，司马炎长舒一口气。如今一切都已安定下来，只等安心享受这来之不易的胜利果实了。他认为自己的设想也没什么问题了，天下太平以后就是要尽情享受人生。

享受人生的第一步，自然就是要为自己选妃了。于是，皇帝下令，全国的各郡县都暂停目前的婚姻登记工作，命令各地的相关部门将年龄范围在16至20岁的少女都层层选拔上来，选拔上来的少女再由杨皇后做最后的决定。杨皇后的选妃标准非常简单，她专门嘱咐地方各级选妃机构，将那些长得较为白净、身材看起来修长的女孩子给留下来，而五官端庄、天生丽质的女孩子则都被筛选掉。不仅如此，若是皇上对哪个女孩子格外倾心，她都要想尽一切办法抹黑她，以此来阻止皇上将其选入宫中。听闻此消息，那些世家大族的女儿们都穿上破烂的衣服，

> **知识链接**
>
> **德不配位的杨骏**
>
> 杨骏是西晋时期的权臣、外戚。他女儿是晋武帝的皇后，所以受到晋武帝宠信，和弟杨珧、杨济势倾天下，合称三杨。杨骏知道自己才能平平，没有什么威望，便不顾大臣的劝谏，重金封赏以收买人心。之后他独揽大权，更是刚愎自用，广树政敌，拉帮结派，孤立宗室。
>
> 公元291年，贾后发动政变，危急时刻，朱振劝杨骏速速烧掉云龙门，斩杀贼首，带兵拥护太子入宫。可是，杨骏始终没有下定决心，最终被杀。杨骏族人也被株连，死者多达数千人。

假装病恹恹的样子，用这样的方法来逃避被选进宫。

即便杨皇后已经用了如此标准，司马炎仍旧收罗了一大批年轻的女孩子入宫。而且，在他平定东吴后，还收纳了孙皓的全部后宫女子，因此，司马炎的后宫人数越来越多。那么每天该去哪里过夜变成了司马炎每天要面临的困难选项。相传，为了解决这个难题，他想出一个靠运气决定去哪过夜的方法：即他每天傍晚在后宫里乘上一辆羊车，然后任由羊随便拉着他走，羊若是走到哪里停下来了，他就会选择离这个地方最近的后妃处安歇。这样以后，后宫里的佳人们闲着无事可做，就开始想办法如何能让皇帝的羊停在自己的门口。有的妃子非常聪明，将自己的宫舍门口种植一大片羊最爱吃的青草，这样，当羊路过这里时看到有青草，自然就会停下来吃，那么皇帝就能在此停留了。甚至还有人发现羊要吃盐，竟将大量盐水泼在自己的门口，以此来留住皇帝。

由于司马炎的后宫人数众多，他也在这里花费了大量时间，而对国家大事的关注就少了很多，后来只得依靠自己培养的亲信来帮助自己执政。亲信里最亲的自然就是皇后的娘家人，就是人们常说的外戚。他们和皇帝关系紧密，就成了帮助皇帝处理政务的首要人选。司马炎的新杨皇后的父亲叫做杨骏，作为司马炎的老丈人，关系也不是一般人能比的。虽然杨骏本人非常草包，但凭借着女儿的关系，仍然获得了司马炎的宠信。他一掌握了权势，就开始到处作威作福。

有句话说得好——"上行下效",既然皇帝都敢这么干了,下面的人就可想而知了,都学着皇帝的模样尽情享受人生。很多外戚和官二代们都开始游手好闲,只讲究吃喝玩乐,似乎是一派盛世景象。这其中最有名的两个人便是王恺和石崇。王恺作为司马炎的舅父,那也是背靠大树好乘凉,从中搞点钱也是轻而易举。石崇这个人也非常有名,他是西晋开国元勋石苞家里的小儿子,因此也是背景深厚。

石崇曾担任过荆州刺史,执掌着湖北地方的军政大权。这里是全国的经济贸易中心,有着"九省通衢"之称。因为石崇手里有军队,所以他非常胆大妄为,向过路者收取过路费,向当地百姓征收保护费,甚至还直接假扮成盗匪进行抢劫,这些勾当没有他不敢干的。这样以后,他很快就发家致富了,他手里所掌握的财富一般人都无法想象出来。

王恺作为皇亲国戚,身份有所不同,但致富的门道也非常多,其中最为典型的就是凭借自己的权力和人脉来帮人办事,比如有人想升官,也有人想脱罪,这些人只要找到王恺,给他送钱,那么就没有办不成的事情。通过替人办事的方法,他也积累了大量财富。而且这个人还非常善于在皇帝面前哭穷,于是作为皇帝的舅舅,皇帝自然耐不住他的软磨硬泡,就随手赏赐给他一些珍宝。

通过种种敛财办法,王恺与石崇很快就成了京城中的两大巨富。当今社会有富豪排行榜,但那时

知识链接

石崇

石崇是西晋时期的文学家、官员、富豪。他是西晋功臣石苞的儿子,因为生在青州,因此小名为齐奴。石崇小时候就聪慧敏捷,富有谋略。

爱斗富的王恺

王恺是晋武帝司马炎的舅舅,也是文明皇后王元姬的弟弟,曾得晋武帝的帮助与石崇斗富,被当时的人耻笑。

候并没有，但富豪们也不甘心，互相都不服气，总想斗一斗，看看谁的财富最多。王恺为了表现自己的富有，用麦糖洗锅，而石崇也不甘示弱，竟用蜡烛当柴火。王恺出门讲排场，每次都要用40里长的布作为出行的挡风墙。石崇想要把他比下去，就用50里长的锦缎当挡风墙。如此，王恺就被比了下去，他非常生气，就找到自己的外甥晋武帝司马炎来帮忙。司马炎觉得这两个人还挺有意思的，随手就将自己珍藏的一棵两尺多高的珊瑚树给了王恺。王恺非常得意，他邀请石崇和一大批官员来欣赏这棵珊瑚树，很多人都赞叹不已。石崇却大手一挥，直接将这棵树给摔碎了。然后他又让自己随行的下人把家里的珊瑚树搬

来，让王恺随便选一棵作为赔偿。很快，他家里的侍从就搬来了很多珊瑚树，仅是高三四尺、树干和枝条看起来光彩夺目的就有六七棵。这下，王恺呆住了。

你瞧，西晋这样的朝廷，还有这样的皇帝和臣子，怎么能够走长远呢？

贾后专政

晋武帝司马炎一生共有两位皇后，一位是杨艳，还有一位是杨芷。杨艳是太子司马衷的生母，从小就聪明漂亮，但却在公元274年不幸因病去世。她临终前，将她自己叔父杨骏的女儿推荐给了皇上，就是后来的新皇后——杨芷。

杨骏不仅是新皇后杨芷的父亲，还是已故老皇后杨艳的叔叔，自己一家竟然出了两个皇后，自然是权势滔天，堪称外戚中的"战斗机"。晋武帝晚年时，杨骏就基本上将朝廷的大权都握在自己手里了。通过多年来排除异己，努力在朝廷培植自己的势力，杨骏可以说已经是一手遮天。司马炎逐渐病重的时候，杨骏在全国更是大权独揽，他还与自己的女儿杨皇后一起修改诏书，原本晋武帝希望汝南王司马亮和杨骏一起辅政，他们将诏书改为由杨骏一人辅政。公元290年，晋武帝病逝，他给儿子留下了一个表面看起来风光太平，但实际上却

▼ 晋代白玉蟠螭环

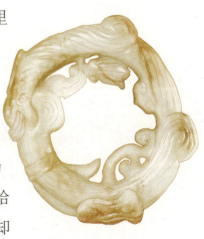

危机四伏的帝国。

司马家族绵延数代，出了很多的人才，司马炎这一代可以说是到达了顶峰，因为他打下了江山。但任何事情在到达顶峰以后，接着一定会走下坡路。司马炎去世以后，即位的是太子司马衷。司马衷本人近乎白痴，那么，这样一个太子又是如何坐上了皇位呢？这就要提到三位女人——两位杨皇后以及太子妃贾南风。这三位女人都心机颇深，而且控制国家权力的欲望也极其强盛。在这样的欲望支撑下，他们都希望太子司马衷可以继位，这样才便于日后控制皇权。因此，通过两位杨皇后与贾太子妃的努力，司马衷这个太子的位置始终是牢不可破。最终，司马衷顺利登上了皇位，贾南风也当上了皇后。

公元290年，司马衷顺利即位，称为晋惠帝，并且改元为永熙。他登基以后没多久，就将太尉杨骏封为太傅，还让他担任辅政大臣。这样，杨骏就顺理成章地将一切国事都掌握在手里了。杨骏不仅掌控了禁卫军，还在朝廷上下努力安插自己的亲信，笼络朝廷官员。

杨骏在朝廷如此飞扬跋扈，还动不动就干预朝政，外臣们都不敢说什么，但朝廷内部却有人对他不满了。这个人是谁呢？就是司马衷的皇后贾南风。她的掌控欲也极强，她认为先帝都已经离开了，凭什么现任皇帝还要受杨骏这些人的掌控呢？她认为贾家在朝廷中也有着非常扎实的基础，自己完全有能力和杨骏抗衡。

> ◆ 知识链接
>
> **白痴皇帝司马衷**
>
> 永熙元年（290年），司马衷即位，后世称晋惠帝。司马衷是有名的痴呆皇帝，不能独自处理朝政，刚开始由太傅杨骏辅政，后来皇后贾南风杀害杨骏，独揽大权。
>
> 在八王之乱中，惠帝当时的叔祖赵王司马伦成功篡位，自立为皇，惠帝变成了"太上皇"，被囚禁在金墉城内。接着，齐王与成都王带兵同群臣一起诛杀了司马伦的党羽，惠帝复位，司马伦也被杀。可是，惠帝后期又被诸王所挟持，受尽了凌辱、折磨。
>
> 永兴三年（306年），他被东海王司马越迎归洛阳，同年，晋惠帝去世。

贾皇后常年来深居后宫，身边没有得力帮手，而且也没有掌握军队，若是想要和如今正把持着朝政的杨骏去争夺天下，确实是困难重重。但长期在深宫中的她知道"敌人的敌人就是朋友"，于是，她便锁定了杨骏的敌人。自杨骏上台以后，他大力打压司马氏诸王，而当时手握兵权的楚王司马玮以及汝南王司马亮更是成了他的眼中钉，想要除之而后快。于是，贾皇后就开始极力拉拢这两个人。

> **知识链接**
>
> **优中选优的禁卫军**
>
> 　　禁卫军是紧跟皇帝的最高保卫人员，时刻保卫皇帝的安全，是皇帝遇到危险时的优先警卫人员。
>
> 　　禁卫军是精锐中的精锐，都是从军队中精挑细选出来的，不仅要求军事技能过硬，更要忠诚可靠。

　　杨骏虽然手握大权，但他实际上没什么真本事，对于治国安邦是毫无经验，对于管理并平衡各方势力那也是没有任何手段。他认为，掌权就意味着可以为所欲为。殿中中郎孟观平日里不受杨骏待见，经常被排挤，最后他实在是无路可走，决定铤而走险。于是他给贾皇后上了一道密折，诬告杨骏谋反，这道密折正中贾皇后的心意，她立即就让自己身边的亲信太监与他紧密联络，共同探讨推倒杨骏的计策。

　　孟观由于职务原因，手中掌握着一定数量的禁卫军，贾皇后就命令他暗中调动禁军以备能够随时发难。接着，贾皇后又派人去联络楚王司马玮。司马玮也十分赞成这个计划，并借机申请回到朝堂。杨骏早就对司马玮十分忌惮，一直想要把他召回朝中控制起来。所以，当杨骏得知司马玮还朝的时候，并没有阻止。可是他没料到，司马玮一到京城，孟观等人就上书惠帝，让惠帝连夜下达诏书罢黜自己。就这样，杨骏灰溜溜地回了府第。

　　很快，东安公司马繇率领数百位兵士打算讨伐杨骏。当时，杨骏住在曹爽原本的府邸中，他听闻事态有变，赶忙召集亲信和一些官员商讨应对之法。太傅主簿朱振劝说道："如今宫中有变，其目的非常明显，你我都知道，这一定是那群宦官们为贾后密谋的诡计，对您是非常不利的。您就应当放火烧了云龙门表示自己的态度，迫使他们将制造事端的首恶分子给交出来，打开万春门，然后迎出太子，这时候，您就亲自带着太子入宫，将奸人都清出来，如此一来朝廷必定会大为震惊，就会被动地斩杀奸人送出首级，您就能免于遭难了。"

但杨骏一向都非常怯弱，遇到这种事更是犹豫不决。而此时，士兵已经将杨骏的府邸都层层包围了。接着，司马繇就命令弓弩手瞄准杨骏府中射箭。杨骏走投无路，只好逃进马棚里，最后被众士兵用戟给杀死了。杨骏死后，贾皇后继续为这件事谋划，她诬陷太后杨芷和父亲一起谋反，然后将她囚禁起来。而杨骏的同党自然也很快就相继落网了。此后，贾皇后彻底掌握了政权。

魏晋名士

东汉末年至魏晋，历史就像坐了一个过山车，最后终于缓缓地滑到了最低点，社会动荡不安，百姓没有居所。然而，就是在这样一个政治黑暗无序的时代，却出现了很多有抱负的文化人，他们勇敢地站了出来，他们不拘礼法，风流潇洒，饱含着对国家的深情投身于乱世。在这个阶段，他们建功立业，造就了历史上具有代表性的、独特的时代精神与重要的文化。

知识链接

益寿延年的五禽戏

我国古代提倡养生，五禽戏就是其代表。华佗创编了五禽戏。华佗是东汉著名的医生，后人称其为神医。

华佗认为养生很重要，他领悟《庄子》"二禽戏"（熊经鸟伸）的精髓后，创编了"五禽戏"，其功效显著，据《后汉书·方术列传·华佗传》记载，华佗曾说："吾有一术，名五禽之戏：一曰虎，二曰鹿，三曰熊，四曰猿，五曰鸟。亦以除疾，兼利蹄足，以当导引。体有不快，起作一禽之戏，怡而汗出，因以著粉，身体轻便而欲食。"

短命的晋王朝 | 魏晋名士

○ 建安七子

曹操挟天子以令诸侯，凭借自己的勇敢和智慧横扫北方。很多年轻人都带着雄心壮志跑来投奔他，而这其中最为有名的就是建安七子。建安七子是建安年间（196—220年）的有名文学家的合称，因为一共有七位，因此被称为"建安七子"，他分别是孔融、陈琳、王粲、徐干、阮瑀、应场、刘桢。这七人中除了孔融和曹操互相之间看不惯，闲来就互相揭短之外，其余六位都将曹操视为好上司、好领导，忠心耿耿地跟着他干事。这些人都历经生死磨难，怀抱着大济苍生的豪情壮志，因此他们所作的诗文和曹操父子也有很多相似的地方。

○ 曹氏父子

相比三国时期的其他军阀，曹操可算得上是文武双全。他不仅能打仗，还会下围棋，能够写一手好字。而且他的歌也唱得不错，经常会在工作空闲之余搞点自创。有时候，他也会酿点小酒，亲自下个厨改善一下生活。甚至，他还会自己做建筑设计，的确称得上是个多才多艺的人了。当然，在诸多才艺之中，曹操最看重的还是辞赋的创作。他所创作的文章读起来都是大气洒脱，情真意切，其代表作有《让县自明本志令》《举贤勿拘品行令》等，字里行间都是自由洒脱，丝毫不受礼法约束，直抒胸怀。

俗话说，龙生龙，凤生凤。曹操爱好舞文弄墨，他的儿子曹丕、曹植自然也是从小受熏陶，都是个中高手。由于曹操是寒门新贵，从小没有受到严格

▼ 曹操东临碣石，写下了著名的《观沧海》：
东临碣石，以观沧海。
水何澹澹，山岛竦峙。
树木丛生，百草丰茂。
秋风萧瑟，洪波涌起。
日月之行，若出其中；
星汉灿烂，若出其里。
幸甚至哉，歌以咏志。

礼法的束缚，因此一生性情率真，在他的影响下，他的子孙们也都性情放达，这种性情在辞赋作文中更是体现得淋漓尽致。

曹丕好才艺，自幼就通晓诸子百家，他所作的文章多辞藻华美，文风绮丽，风格和父亲大不相同。相比于曹丕，曹植的诗歌则颇具一股子仙气，他喜欢用心去感受自己周围的世界，这为他的诗歌提供了很多灵感。曹植最大的贡献主要体现在他的五言诗上，在他留下来的诗歌里面，有三分之二都是五言诗。

从文学史角度看，曹操父子三人称得上是中国文坛上的"豪门显贵"，他们和建安七子的诗文都通过慷慨苍凉、意境深远却又富有生气的笔调，折射出时代的动乱带给人民的痛苦。他们共同推动了中国古代诗歌文化的新发展和新走向。

● 魏晋风度

从东汉末年起，许多知识分子逐渐脱离儒家学说，开始更加重视自我的完善。到了魏晋时期，更多的士人又转向饮酒弹琴、玄谈服丹，发生这样的转变主要是由于以下几个方面的影响。

一是战乱、灾害、瘟疫等频发，众多老百姓都流离失所，死亡人数大幅增加。和天灾同样可怕的，是黑暗的政治。魏晋时期，国家政权交替频繁，不管是王公贵族、豪门世家，还是下面的普通知识分子和一般民众，每天都在思考着自己要站在哪个队伍中。在这样的天灾人祸背景下，人人自危，因此人们迫切需要找到一个出口，可以宣泄自己内心

> **知识链接**
>
> **道家的庄周**
>
> 庄周即庄子，是道家学说的主要代表人物，是战国时期伟大的思想家、哲学家、文学家，他与道家始祖老子并称为"老庄"，其哲学思想体系被尊为"老庄哲学"。
>
> 庄子文采斐然，其代表作《庄子》已被演绎出多个版本，名篇有《逍遥游》等，他主张"天人合一"和"清静无为"。

的恐惧。

二是道家宣传的清静无为思想。老子说要自然无为，庄子则追求逍遥自在，这样的背景下，魏晋士人意识到，不管什么灾难，在老庄这种精神面前都没什么好害怕的。

三是当人人都深陷愁闷痛苦时，最容易被宗教产生的依赖情绪所感染。这一时期，佛教和道教都备受名士们的喜爱。

在如此的社会环境里，知识分子不再以建功立业作为他们的目标和追求，而是开始反思生命的最终意义究竟是什么，如何才能独善其身，怎样才可以寻求自身的自由。很多文人志士经常聚在一起，畅谈玄理，或者会做一些放浪形骸的奇怪举动，通过这样的方式，既保证自己远离了是非，还可以避免当权者的怀疑。

因此，魏晋风度就是知识分子在对国家失望和怀疑以后的反常态度。频繁的战争，中央政权的腐败和腐朽，使儒家纲常伦理被破坏，君权神授逐渐被否定，治国之梦破灭。于是，国家的高级知识分子开始用自己的方式，与社会消极对抗。他们追求从容自在，鼓励每个人勇敢做自己。那时候，建功立业已经没有多大的吸引力了，追求外貌和行为举止、享受自由自在的生活、玄谈、醉酒反而开始成为社会的时尚。

▲ 阮籍

● 竹林七贤

魏晋时期，社会上有七位有名的人士，分别是嵇康、阮籍、山涛、向秀、刘伶、王戎、阮咸。由

> **知识链接**
>
> **什么是玄谈**
>
> 玄谈是指魏晋时期根据老庄之道和《周易》而辨析名理的谈论。

于他们经常聚集于山阳县的竹林之下喝酒作诗,因而被称为"竹林七贤"。在当时的文坛上,他们都属于领军人物,但在政治上,他们却有各自的阵营,有的站在曹魏这边,有的则站在司马氏阵营,还有的哪边都不属于,只是长期放荡于山林之中,刻苦钻研老庄玄学,不再过问世事。这其中有两个人最为特别。

一个是嵇康,这个人是七贤聚会的策划和组织者。他的夫人是曹魏宗室之女,再加上他本人之前曾担任过曹魏的中散大夫,因此他非常讨厌司马家,后来因被钟会诬陷而死,年仅四十岁。

行刑当天,三千名太学生为嵇康求情,而他则劝学生们以国家为重,然后拿出自己的琴弹奏了一曲,琴声忽而悲壮,忽而低沉,每个听到琴声的人都忍不住

掩面痛哭，连负责的监斩官都下不了手了。嵇康叹息道："曾经，袁孝尼想要跟着我学《广陵散》，我没将曲子教给他，如今《广陵散》是注定要失传了。"

另一位较为特别的是山涛，他和司马家是亲戚，但司马懿却很瞧不起他，所以直到40岁，山涛才熬出仕。由于做官的事情，嵇康后来还专门作了著名的《与山巨源绝交书》，在文中他宣布和山涛绝交。

但即使这样，山涛还是非常大度。嵇康临终前告诉自己的儿子说："有山涛在，你不可能成为孤儿的。"果然，嵇康死了以后，山涛不计前嫌，还是帮助他的儿子嵇绍做了官。

▼ 竹林七贤

南方更安全

> **知识链接**
>
> **前赵的开国之君刘渊**
>
> 刘渊是匈奴首领冒顿单于的后人,十六国时期前赵的开国皇帝。
>
> 刘渊的父亲死后,他掌握军队,趁八王之乱的时机,自称汉王,建立汉国。
>
> 公元308年刘渊称帝,广纳贤才。公元310年,刘渊病死,庙号高祖。

公元291年,贾后杀死了杨骏,政权落到了当时帮助过贾后的汝南王司马亮与朝廷元老卫瓘等人的手中,她控制朝政的野心没能实现,于是,贾后又指使楚王司马玮将汝南王司马亮给杀了,接着反过来诬陷楚王矫诏擅杀朝廷大臣,又将楚王给处死了。至此,贾后终于执掌了政权。

她掌权以后,国家安静了不到十年,她就在公元299年废掉了太子司马遹(yù),第二年又将他杀死。从此以后,司马家族的八个王重新开始为争夺政权展开厮杀,这便是历史上有名的"八王之乱"。

朝廷内部,八位司马王爷打得不可开交,而外部的北方胡人也趁机作乱,少数民族开始起义,其中的主力是匈奴族。

早在曹魏时期,就留存着一批呼韩邪单于的后代,他们改姓为刘,逐渐发展壮大,成为当时匈奴部落里面最有影响力的一支。这里面有一个人,名叫刘渊,他从小就熟读经书和兵法,是个文武双全的匈奴贵族。

公元304年,刘渊带兵起义,占据了左国城(山西方山县),自立为汉王,起兵反晋。

公元310年,刘渊因病逝世,太子刘和继位。刘和生性多疑,因此即位没多久就想要杀死手握兵

▼ 西晋青釉四系鸟钮盖缸

▼ 刘渊起兵

权的弟弟刘聪。刘聪一得到消息，立刻带着大军反叛，他们一举攻入平阳，杀死了太子刘和，自立为帝。

刘聪即位后，命刘粲、王弥、刘曜等人率兵四万攻打河南各州郡，这样，洛阳这个都城便孤立无援了。这时坐在皇位上的是晋怀帝司马炽。

后来，刘聪命呼延晏率领大军两万七千进攻洛阳。这时候，都城大乱，很多官员都已经逃走，洛阳守军只不过千人，而且城中也没有粮食，老百姓饿得都已经只能易子相食了。

晋怀帝原来也准备逃走，但他刚跑到大街上就遇到了一群盗贼，于是又逃回了宫中。随后，刘曜赶来和呼延晏在洛阳城外顺利会合，他们轻松攻进了洛阳城，将晋怀帝给俘虏了。匈奴人大肆屠杀，并火烧洛阳古城，洛阳城成了人间地狱。历史上将其称为"永嘉之乱"。

"永嘉之乱"以后，晋怀帝最终被俘虏到了匈奴汉国的都城。公元313年正月，刘聪在光极殿举行了大规模的庆功宴。宴席上，这位匈奴皇帝为了展示自己的权威，竟命晋怀帝穿上奴仆的衣服，在酒席中为大臣们斟酒。一些晋朝曾经的老臣看了这种场面，感到非常悲伤，忍不住当场就失声痛哭起来。大过年的居然有人在皇帝宴席上哭哭啼啼，这让刘聪勃然大怒，立刻就将那些在宴席上哭泣的晋朝旧臣给拉出去斩首，很快，

知识链接

前赵的亡国之君刘曜

刘曜是刘渊的侄子。前赵刚建国时，他为国征战，攻打西晋。刘聪时期，他驻镇长安，刘粲时期，他被封为相国。靳准之乱中，他登上帝位，迁都长安。

公元319年，他改国号为赵。

公元328年，他被石勒俘虏，后来被杀身亡。

▼ 青釉两系罐

这年的二月初一，晋怀帝也被刘聪赐毒酒毒死了。

晋朝就这样结束了吗？还没有呢。那时候都城大乱，许多皇族和大臣们都躲得远远的，当他们看到匈奴兵已经走得没了人影，才小心翼翼地钻出来，想要重起炉灶，但洛阳城已经被烧得精光，一幢像样的房子都没有。于是，这些人就搬到了西边的长安，将一个名叫司马邺的小孩子扶上皇位来撑门面，史称晋愍帝。

匈奴兵长期在黄河另一边虎视眈眈，这位小皇帝天天过着胆战心惊的日子。他希望南方的琅琊王司马睿还有镇守长江的王导、王敦可以赶来帮助他，但司马睿他们却只想保卫好自己的一亩三分地，不愿意再来北边蹚浑水。

公元316年，匈奴大军大举攻陷长安城，小皇帝受尽屈辱后，最终被刘聪杀害，年仅18岁。这样，短暂的西晋王朝终于灭亡了。

> **知识链接**
>
> **司马睿**
>
> 司马睿是东晋的开国君主，司马懿的曾孙。晋愍帝被俘虏以后，公元318年，司马睿在江东大族以及晋朝贵族的帮助下顺利建元建武，史称晋元帝。

闯关小测试

1. 晋朝的第一个皇帝是（　）
   A. 司马懿　　B. 司马昭　　C. 司马炎

2. 杨骏的同党被杀后，掌握国家政权的是（　）
   A. 贾南风　　B. 皇帝　　C. 辅政大臣

3. 建立汉赵的开国皇帝是（　）
   A. 刘渊　　B. 刘聪　　C. 刘曜

参考答案：1.C　2.A　3.A

南北朝平分天下

西晋灭亡，中国大地又回到了战乱中，走马灯般的国家换了一波又一波，就是没有一个真正实力强大的人来实现统一。话虽如此，这个时代也涌现了不少名人，有的遗臭万年，有的万世流芳，而这一切，终被一个叫刘裕的人终结了。

走马灯般的国家

西晋从自立门户，一直到晋愍帝被杀，只存在了短短60年，在中国历史上可以说是昙花一现。这段时间经常被作为"五胡十六国"的开端。那么这"五胡十六国"是指什么呢？

从公元304年李雄建立成汉政权以及匈奴刘渊成立汉（后来改为赵，史称前赵）政权起，至439年北凉被灭为止，一共历时136年，这段时间就被称作是"十六国"的各族割据政权。"十六国"时期又可以分为前后两期，通常以公元383年发生的淝水之战进行划分。前期创立了自己的政权的国家主要包括成汉、汉（前赵）、后赵、前燕、前秦、前凉这六个国家，此外，其实还有鲜卑族拓跋氏成立的代以及冉闵建立的魏，但他们两个政权一般都被史学家们给排除在了十六国之外。后期的政权则包括后秦、后燕、南燕、北燕、后凉、南凉、西凉、北凉、西秦、夏共计十个国家，在这之外，还有西燕，但一般也不计入十六国范围之内。由于这十六国政权多是由匈奴、鲜卑、羯、氐、羌五个少数民族的成员所建立，因而人们常常将这"十六国"统称为"五胡十六国"。

五胡十六国可以说是战火纷飞，社会混乱，下面，我们就试着来理一理这堆错综复杂的关系。

西晋时内部有八大"混世魔王"，他们到处捣乱，而这时候天灾频繁，老百姓生活在水深火热之中，然而外面胡人则瞅准了时机，匈奴人刘渊建立了汉国（因为他姓刘），后来被改国号为赵，历史上称为前赵。

同时，四川也遇上了大事。由于西北连年干旱，人们只得向南逃命。而四川一向有天府之国的美誉，因此对于这些人来说就如天堂一般，于是带领逃命的氐族头领李特，就高兴得往四川冲，却遭遇了官府的逐客令。反正他们在家也没法活，现在还是让他们无法生存，那不如就反抗吧。

于是，李特带领着大家对抗官府，他战死以后，他的儿子李雄继续带领人们起义，最终攻占了成都，成为西南地区的首领，建立政权，称为成汉。

这时候，前赵发起了总攻，直逼西晋的首都洛阳，刘渊没能等到胜利的一天，儿子刘聪即位。刘聪登基后没多久，石勒、呼延晏等人率领部队攻占洛阳，俘虏了晋怀帝。而西晋司马氏宗族里的琅琊王司马睿则抵达江东（古称江左），在这里重整旗鼓，然后建立起了新政权——东晋。

曾经负责管理西晋西北区域的凉州刺史，名为张轨，自西晋灭亡以后，张轨的儿子张寔子承父业，于凉州（现今甘肃武威）建立了前凉，这是十六国中的第一个汉人政权。

在匈奴刘氏政权内部发生大乱时，前赵大将石勒趁此时机，率兵攻占了平阳、洛阳，他将都城定在襄国（现今河北邢台），在这里自称为大单于、赵王，和当时前赵的刘曜呈东西对峙局势，历史上将石勒建立的赵称为后赵。后来，石勒的继任者死亡，于是国家陷入了诸子为了争夺政权，互相残杀的局面。这时候，石虎的养孙冉闵杀死石虎的儿子石鉴，然后自立为皇帝，很快后赵就被冉闵所建立的魏所取代。但冉闵建立的魏也仅仅持续了两年多一点的时间，于公元352年被前燕灭亡。

前燕是由慕容氏建立，而慕容氏是鲜卑族的一支，长期生活在辽东北一带区域。在西晋大乱时，很多人迁往东北，首领慕容廆就借着这个机会，将大量流民吸纳进来，还笼络很多汉人士族的子弟为

> **知识链接**
>
> **张寔：建立前凉**
>
> 张寔是前凉政权的建立者，公元314年至320年在位。他在位7年，后被部将刺杀，张祚称帝后追谥他为昭王。
>
> **冉闵：建立冉魏**
>
> 冉闵作战勇猛，十六国时期建立了冉魏政权，公元350年至352年在位。
>
> 公元352年，冉闵突围失败，被前燕擒杀。

己所用。首领慕容廆去世以后，慕容皝继位。公元337年，慕容皝自立为王，历史上称之为前燕。公元350年，趁着后赵混乱之际，氐族的苻氏一族成立秦国，史称前秦。公元357年这一年，苻坚登上了帝位，即位后，他便开始着手实现北方统一。公元370年，前秦的王猛率领大军攻下前燕，前燕被灭。

公元376年，前秦消灭前凉。同年，前秦又趁着鲜卑拓跋氏内乱，消灭了代国，最终统一了北方。

公元383年，发生了历史上有名的淝水之战，在这场战役中，苻坚大败，前秦危在旦夕。而慕容垂带领的兵马在淝水之战中还保持完整，于是他带领兵马到河北准备重新独立发展。公元384年这年，慕容垂自立为燕王，史称后燕。这时候，他的侄子慕容泓看到自己的叔叔带头反了，非常不甘心，于是他也建立了一个燕国，由于地处西边，历史上将这个燕国称为西燕。公元393年的冬天，后燕主慕容垂发兵攻打西燕，第二年，西燕皇帝慕容永被杀，西燕就此灭亡。

公元386年，鲜卑族拓跋珪成立北魏。公元396年，慕容垂率领大队军马伐魏，获得大胜。同年，慕容垂病逝，儿子慕容宝登上王位，北魏拓跋珪趁机攻入后燕。而此时慕容德正镇守在邺城，他看到魏军的猛烈攻势，便于公元398年迁到了黄河南岸的滑台（现今河南滑县），自立为燕王，历史上称为南燕。公元399年，他又迁都至广固（现今山东益都）。然而没多久，公元410年，东晋就大举北伐，南燕被灭。

▲ 王猛

王猛在前秦担任丞相、大将军，是十六国时期有名的政治家、军事家。他临终时依然担心前秦内部各方势力，劝苻坚不要进攻东晋，但苻坚不听，因此有后面淝水之战的大败。

王猛辅佐苻坚逐步扫平群雄，统一了北方。

公元398年，慕容宝于龙城被鲜卑贵族所害，其子慕容盛即位后又被杀害，然后他们拥立慕容熙为新王。但慕容熙只是贪图享乐，不管朝政。于是，公元407年，慕容熙被杀掉，高云为新王。两年后，高云又被自己的宠臣离班杀害，冯跋自立为王，历史上称之为北燕。公元430年，北魏出兵讨伐北燕，六年后，北燕灭亡。

淝水之战以后，羌族的姚苌随着苻坚返回长安。这时正好遇到慕容泓在关中起兵，苻坚便让姚苌做参谋，协助自己的儿子苻叡去征讨，但苻叡却战败被杀，姚苌害怕苻坚怪罪，因此将他杀害，就逃到了渭北地区，他在这里带着地方豪强公开反对前秦。公元386年，姚苌建立了后秦政权。

同样是在淝水之战以后，鲜卑人乞伏国仁离开了苻坚，自己独立出去，建立了西秦，公元431年，被夏所灭。同年，夏灭了西秦后想要继续渡过黄河攻击北凉，却不幸在途中被吐谷浑袭击，夏因此灭亡。

苻坚死后，原来被他派去攻打西域的氐族大将吕光也想要自立为王。公元389年，吕光于姑臧城（现今甘肃武威）建立后凉。自后凉建立以后，多次遭受来自南凉与北凉的攻击，这里民不聊生，政权也岌岌可危。终于在公元403年，后凉灭亡。

在这同一时期，还存在着南凉、北凉和西凉，这些政权把控着河西地区，互相之间多次发动战争，局势动荡。公元414年，南凉向西秦投降。公元420年，西凉被北凉所灭。

知识链接

慕容垂建立后燕

慕容垂是十六国后燕的第一个皇帝。淝水之战中前秦战败，慕容垂负责护驾北返。公元384年，他建立了后燕。公元394年，他在台壁之战中吞并了西燕。

公元395年，后燕攻北魏，太子慕容宝惨败。慕容垂率军再攻北魏，征途中旧病复发，在退军时去世。

公元 416 年，后秦的国主姚兴因病逝世，太子姚泓继承王位。东晋太尉刘裕就在这个时间发兵攻打洛阳，加上后秦的皇室发生内斗，所以刘裕便一举攻破长安。公元 417 年，姚泓投降，后秦灭亡。

公元 439 年，北魏拓跋焘率领大军讨伐北凉，北凉的首领沮渠牧犍投降，北凉灭亡。至此，十六国中的最后一个也灭亡了。从此以后，十六国分裂割据的局面结束了。北方，北魏统一了中国的北方各地；而南方，刘裕建立的刘宋则统一了中国的南方各地，至此，南北朝时期开始了。

▲ 刘裕

刘裕是南朝刘宋开国皇帝，是东晋到南北朝时期著名的政治家、改革家、军事家。他大力促进了江南经济的发展，保护和传承了汉文化，其疆域在六朝中最为广阔，为后来的"元嘉之治"打下了基础。

祖逖北伐遗恨

公元 266 年的一天，祖逖出生在范阳（现今河北保定）的一个大户人家里。那时正是西晋时期，由于家族世代为官，因此，祖逖从小就衣食无忧，生活富裕。后来他逐渐成长为一个淘气的"熊孩子"。据史书记载，祖逖年幼时"生性豁荡，不修仪检，年十四五犹未知书，诸兄每忧之"。但这个"熊孩子"却在小伙伴中间非常受欢迎，这是因为他从小就讲义气，多次帮助自己身边的朋友，还会资助遇到苦难的穷人。因此，虽说称不上"品学兼优"，但在人品上无可挑剔。

长大以后，祖逖开始醒悟，认真读书思考，长辈们都非常喜欢他。随后，祖逖迁到了阳平县，被阳平的地方官选为孝廉，后来又被推举为秀才。不久之后，他就和司空刘琨一同担任司州主簿。刘琨志向非常远大，二人很快成为好友，经常互相学习，发誓一定要成就一番事业。据相关史书记载，二人经常一起读书习武，每次谈到天下之事，总是会深有同感，甚至经常聊到深夜，最后同榻共被而眠。一次，祖逖半夜被鸡鸣声给吵醒，那时如果是半夜听闻鸡叫，多会被认为要发生不吉利的事情，但祖逖却不这么想，他立刻把刘琨叫醒说："半夜听到鸡叫并非不吉利，这其实是上天提醒我们一定要努力啊。"于是，这两人竟半夜起床开始习武练剑，后来这段经历流传到后世，就是"闻鸡起舞"这个成语的来历。

在祖逖与刘琨二人挑灯夜谈，讨论国家大事时，西晋王朝正经历着前所未有的巨变。晋武帝司马炎虽然治国有章，但皇位继承人的挑选却让他十分头疼，因为他有个有名的傻儿子——司马衷。

公元290年，司马炎去世以后，太子司马衷继位，是为晋惠帝。我们可以想象，一个如此无能的皇帝又会面临怎样的局势与命运。一年以后，"八王之乱"爆发，司马衷的亲戚们纷纷造反，国家乱成了一团。就在国家内乱的时候，北方少数民族的部落们趁机作乱，其中最为强大和猖獗的就是匈奴部落，他们一向擅长骑射，经常骚扰晋朝边境。就是在这样内忧外患的情境下，祖逖每天认真读书习武，为的就是能够报效国家，为国为民做贡献。

> **知识链接**
>
> **司马衷的"何不食肉糜"**
>
> "何不食肉糜"是西晋白痴皇帝司马衷当皇帝时"发明"的词语。
>
> 有年晋国闹饥荒，老百姓的粮食都吃光了，只能挖草根，啃树皮，很多百姓被活活饿死。
>
> 饥荒的消息传到皇宫，司马衷听完大臣的汇报，觉得百姓十分可怜。
>
> 他想为老百姓做点实事，便问大臣："老百姓没有米饭吃，那他们为什么不去喝肉粥呢？"
>
> 司马衷的原话是："百姓无粟米充饥，何不食肉糜？"然而，老百姓连最便宜的粟米都买不起，哪有钱去买肉做肉粥喝呢？

南北朝平分天下 | 祖逖北伐遗恨

公元308年，匈奴部落的刘渊在平阳称帝，他称帝的随后两年里就两次进攻晋朝，甚至直逼都城洛阳。当时，祖逖正在京城做官，他赶紧带着当地的百姓到南边的淮泗一带避难。在迁移过程中，他将车马都让给老弱病残的百姓们，自己只是徒步前行。此外，他还将粮草、衣物、药材等和同行的人们分享，大家都非常感动。

不久以后，洛阳城就被匈奴人攻陷了。这时，经历了"八王之乱"以后躲在江南避难的琅琊王司马睿就在江南即位，这便是晋元帝，历史上将他即位之后成立的晋朝称为"东晋"，而之前的晋朝则被称为"西晋"。很快，祖逖的才能就受到了晋元帝司马睿赏识，他被提拔为徐州刺史。祖逖对晋元帝说："前朝之所以灭亡，并非是因为君主无能，而主要是诸王不够和睦，频繁的内斗将国力和财富消耗殆尽，这样戎狄才乘虚而入。如今北方的人民还深陷胡人统治的水深火热之中，若是皇上任命我为统帅，让我率兵北伐，一定可以收复山河！"

从祖逖的话语中可以看出他的一腔热血，但晋元帝司马睿却不这么想，他之所以能够得位，那完全是时势造成的，能够保命就很不错了，哪还有心情北伐收复失地？而且，客观来讲，当时的晋元帝其实只是徒有虚名，这个新成立的朝廷因为之前的战乱还没有稳固的根基，人口很少，税收也没有严格的征收制度，而军事上，兵力已经在此前的作战中损失殆尽。因此，虽然晋元帝能够理解祖逖的想

▲ 北魏铜鎏金释迦佛造像

这就是 中国历史 三国两晋南北朝

法，但并没有实际上的支持。晋元帝只是任命祖逖担任豫州刺史，勉强给了他一千人的粮饷和三千匹布，至于军队那是根本不可能的，因为连铠甲武器都没有。

在如此艰苦的情况下，很多人肯定会觉得很无望而选择放弃。但祖逖却没有放弃，他带着自己从家乡带来的部下，坚定地渡江北上，到了江心，祖逖感慨万千，他发誓说："我要是不能将中原收复，就让我像这江水一般，一去不返。"祖逖这种视死如归的精神也感染了随行的部下，所有人都慷慨激昂，发誓一定要驱除胡虏，即使付出生命也在所不惜。

在匈奴作乱的环境里，很多没有南迁的晋朝民众都开始集结起来，自发组织抵抗匈奴，

他们建立起具有防御性质的"坞堡"。祖逖渡江北上以后，大量坞堡力量都拥护他，军队的实力因此迅速增长，在对抗匈奴的战争中获得了多次胜利。从此，祖逖便拉开了北伐战争的序幕。

公元 320 年，祖逖派遣部将韩潜继续去攻占陈川的东台。那时匈奴的守将桃豹正占领着西台，与东台一起构成了非常牢固的防线，可谓是易守难攻。韩潜带领军队与桃豹对峙了四十多天，仍然没有任何进展。于是，祖逖改变了进攻策略，他派人将原本装粮草的布袋子里装满沙土，然后伪装成粮草让一千多个士兵运往东台，故意在运送的过程中让西台的士兵看到。同时，他还故意派了几个人扛着装有真米的袋子缓慢在城外行走，以此来迷惑西台的士兵。当时，双方对峙了那么久，其实都没什么粮草了。看到祖逖派人运的粮食袋子，桃豹就立马派人来抢米袋子。抢到后发现竟是真的大米，桃豹的军士们都惊呆了，他们一直以为对方也没什么粮食了，却没想到还有这么多的大米。于是桃豹军队更加恐惧，也因此士气低落，军心涣散。这时，祖逖收到消息，有运粮大军正赶来给桃豹补充粮草，于是他立刻派出自己的部将韩潜等人在汴水截击，大获全胜。桃豹得知，非常绝望，连夜退兵至东燕城，祖逖没有花费一兵一卒而"智退桃豹"的战绩，被后世传为佳话。

渡江北上后，祖逖率领的军队获得了很多次胜利。然而，正当他充满信心，准备挥兵继续北伐之际，晋元帝却忽然在这里"空降"了另一位都

▲ 张相女造铜鎏金像

督戴渊，这个人不仅直接负责淮阴的治辖，还在军事上指挥统领。这个戴渊既没有什么军事才能，也没有积极进取的决心，丝毫没有将北伐的事情放在心上，只是一心地争夺权力，这让祖逖感觉十分失望。而且，在这时他还听说当时的京师（南京）之内存在内乱的隐患，这让身在前线的他更加失望和担忧。眼看着北伐收复失地的事业停滞不前，统治者们还在内斗，祖逖忧虑万分，一病不起，他躺在病床上长叹："我下定决心要渡过黄河，收复河北，但上天却不给我机会，上天不保佑我们国家啊……"

不久以后，公元321年，祖逖便在失意中去世了，当时河南地区的人民都非常哀痛，为他修建了祠堂，以供后人瞻仰。而北伐事业也和祖逖一起结束了，整个北方都成了戎狄部落之间互相残杀的战场，这段时期便被后世称为"五胡十六国"。

知识链接

曾经繁华的建康城

六朝时期的建康，也就是今天的南京，是孙吴、东晋、刘宋、萧齐、萧梁、陈朝六朝的京师之地，是六朝时期中国的政治、经济、文化、军事中心，还是世界上第一个人口逾百万的城市，是当时世界上最大的城市。

枭雄桓温

东晋时期有一个人，如同曹操一样，不但有雄才大略，而且野心勃勃。他的一句话非常有名："既不能流芳百世，不足复遗臭万载！"这个人就是桓温。为什么他会说出这样的话呢？我们先来看看他的人生发展历程。

公元312年，桓温生于安徽，其父桓彝是曾跟

▼ 晋代德清窑黑釉鸡头壶

随晋元帝南渡的官员，非常受皇帝宠信。桓温还未满周岁的时候，一位名臣温峤见到他就说："我看这个孩子骨骼生得清奇，让我听听他的哭声。"桓温哭了以后，温峤感叹道："这个孩子真是天生英才啊！"

在桓温16岁时，家中遭遇不幸，即东晋历史上有名的"苏峻之乱"，这个事件让桓温失去了父亲。但通过这件事情，他的人生迈上了一个新台阶：明帝将南康的长公主嫁给了他，桓温成了驸马爷。

后来，桓温担任荆州刺史，这时的他风华正茂。桓温上任以前，任何一届荆州父母官的主要工作重点都放在了加强荆州的防守方面。桓温到任以后，提出了一个相反的想法——主动进攻。

公元347年，桓温消灭了成汉，一时之间他的威名大震。这一仗为他赢得了足够的信任，于是他开始面对更强劲的敌人——继续进军北上。

公元349年，后赵主石虎病逝，桓温向朝廷上疏请求北伐，但没有得到回应，后来，他又多次上表，但由于朝廷对他怀有戒心，所以一直都没有批准。后来，朝廷派殷浩率兵出征，但他接连战败，于是桓温上疏弹劾，希望朝廷将殷废为庶人。从此以后，朝廷内外大权都掌握在了桓温的手中，没有谁可以再阻止他北伐。

桓温将攻击目标对准当时长期占据关中平原的氐族人苻坚所建立的前秦政权。

公元354年，桓温亲率大军自江陵出发，然后兵分两路，水陆皆用，慢慢向着关中地区推进。但

> **知识链接**
>
> **桓温的流芳遗臭**
>
> 桓温一直想篡位称帝，有次他躺在床上对自己的亲信说："倘若我一直这样默默无闻，不采取行动，到死的时候肯定要被司马师、司马昭嘲笑。"
>
> 说到这里，他忽地坐起来，接着说："生而为人，既然不能流芳百世，那就应该遗臭万年。"
>
> **木犹如此，人何以堪**
>
> 第二次北伐时，桓温经过金城，看到自己担任琅琊内史时栽种的柳树，至今已有十围那么粗了，不禁仰天感慨道："木犹如此，人何以堪！"
>
> 他顺手攀起树枝，捉住几根柳条，泫然泪下。

南北朝平分天下 | 枭雄桓温

这个苻坚也不甘示弱,他清楚桓温准备把关中地区的粮食充当军粮来保证部队的战斗力,于是苻坚提前下令收取麦田中的麦子。

如此一来,晋军得不到有效的粮食供应,最终战败,这是桓温第一次北伐打败仗。此后两年,桓温再次复出,有了上次的教训,这次他做了充足的准备。他趁北方战乱的时机,大败羌族政权姚襄的军队,最后一举收复了故都洛阳。

收复以后,桓温便请求迁都洛阳,但朝廷里的君臣都乐享着江南的幸福生活,

不想迁都，还将朝政都推给了桓温处理。

公元363年，朝廷内外的军政大权被恒温逐渐掌握。他陆续推行了一系列改革。六年后他又主导了第三次北伐，共带领5万大军，目标是前燕，这是桓温历次出征以来规模最大的一次。但这次出征死伤惨重，北伐最终以失败告终。

桓温之所以北伐，主要是为了给自己立功，受到皇帝器重，这样以后他就能慢慢地窃取朝政。但第三次北伐的大败使他在朝中威望大减。桓温本来野心就很大，不能获得皇帝器重，他便想要通过废帝来实现愿望。

首先，桓温废掉了当时的东晋皇帝司马奕，另立了晋文帝。之后，他又清除了朝廷中那些反对自己的力量。此后，他又驻兵姑苏，远程遥控着京城的动向。

后来，晋文帝病重，弥留之际急召桓温，但桓温却端着架子没有回来。没多久，晋文帝病死了，群臣拥立了太子司马曜即位，这便是孝武帝。

晋文帝临终前，写了遗诏，告知太子无论什么事都要先向桓温禀告，这几乎跟当年刘备白帝城托孤一样。但桓温并非诸葛亮，他只想晋文帝可以将皇位禅让给自己，但看到这封遗诏以后，他的希望又落空了。他非常生气，开始怀疑是侍中王坦之以及吏部尚书谢安在这件事上面捣鬼，心中愤愤不平。

公元373年春天，桓温带兵入朝。当时民间传闻桓温要将王坦之和谢安杀掉，然后自己取代晋室

知识链接

殷浩救人

殷浩博学多能，不仅会带兵打仗，还深谙医术，但是中年后他就抛开医术不研究了。

一天，他的一个忠实的仆人给他连连磕头，直到头破血流。殷浩忙问怎么回事，他说："有件关系人命的事，但不应该给你说。"

殷浩接连追问，仆人才说："小人的母亲快一百岁了，已经生病很久，倘若大人能诊治一下，我母亲一定能活下去，就算拿我的命相抵，我也毫无怨言。"

殷浩被他的孝心感动，给他母亲诊断了一番。刚吃一剂药，他母亲的病就全好了。

称帝。但桓温并没有这样做，他到了建康以后，为巩固自己的位置，开始笼络王坦之和谢安，希望得到这两个人的支持。他想要先为自己加九锡之礼，这是一种最高的赏赐，主要是针对有功的大臣。后来，桓温病重，谢安和王坦之多次借口修改典礼上用的仪文来拖延加封时间。

公元373年，桓温病逝，至死他都未能完成自己曾经立下的誓言，即先加九锡之礼，然后取代晋王室。

▲ 谢安

淝水之战

桓温死了以后，谢安被任命为尚书仆射兼吏部尚书。这时的谢安开始总揽东晋的朝政，逐渐成为朝廷一把手。为了大局的稳定，谢安并没有趁着桓温病死的时候对当时处于防御薄弱期的桓氏集团动手，他依旧信任并重用桓氏一族。

在谢安的管理下，东晋的政局开始逐渐稳定下来，因此后世称谢安为安定东晋的总设计师。

朝廷内部稳定以后，谢安开始将目光转向北方强大起来的前秦政权。当时的前秦多次骚扰东晋边境，东晋开始招募有才能的将领。在这用人之际，谢安推荐了自己的侄儿谢玄，但是有人不满，认为谢安任人唯亲，但谢玄一直以来的政敌郗超却感叹说："谢安敢于违背众意去举荐自己

> **知识链接**
>
> **加九锡＝篡逆**
>
> 九锡本指九种礼器，是天子赐给功勋卓著的诸侯、大臣的物品，象征着最高礼遇。锡，通"赐"，九种特赐物品为：车马、衣服、乐、朱户、纳陛、虎贲、斧钺、弓矢、秬鬯（chàng）。
>
> 九锡原本是皇帝恩赐给大臣的物品，因为权臣王莽、曹操、司马昭，还有后来的宋、齐、梁、陈四朝的开国之君都受过"九锡"，"九锡"便成了篡逆的代名词。

的侄儿谢玄,是一个明智的做法。谢玄一定可以不负众望,最终成为一代将才的。"果然,谢玄没有让大家失望,在担任广陵太守以后,他征集江淮子弟还有北方的一些流民,共同组建了北府兵,这个兵团成为当时东晋最精锐的部队。

公元383年,前秦的国主苻坚亲率号称有百万余人的大军南下,想要消灭东晋,统一天下,

最后自己称帝。

他非常狂妄地说："长江没啥了不起的！我有几十万大军，每个人抛一根马鞭，长江下游估计都要断流了。"这便是成语"投鞭断流"的出处。

苻坚率几十万大军南下的消息传来以后，城内一片惊慌，唯有谢安还是镇定自若。谢安以征讨大都督的身份进行统筹，然后他又派了自己的弟弟谢石、侄儿谢玄、儿子谢琰以及西中郎将桓伊等人，率领8万晋军抵抗敌军，这里面的主力就是才成立不久的"北府兵"。然后，谢安便淡定自若地下棋，到处游览，当旁人非常焦急的时候，谢安只是淡淡地说："放心吧，朝廷已想出了退兵之策。"

这一年，前秦军队全部渡过了淮水，准备攻陷寿阳（现今安徽寿县），进兵洛涧，他们阻断了淮水。而另一方，谢玄的军队则自东向西推进着，一个月以后，双方隔着洛涧形成对峙局面。苻坚非常轻视对手，觉得东晋的兵士一定已经被自己的军队所震慑了。

于是他派被自己俘虏而来的东晋官员朱序到谢石那里去劝降。没想到，朱序去了后直接说："秦兵有百万，有什么好害怕的，我们就趁他们人马未到齐的时候发动进攻，打他个出其不备。"谢石听了大悦，立刻派猛将刘牢之在当天晚上奇袭前秦军，把他们打得晕头转向。

前秦军队因此军心动摇，士兵都非常惊恐。苻坚自己也有点害怕，晚上趁着夜色和弟弟苻融去视察。他站在城上遥望晋军士气高涨，而且阵容齐整，

▲ 谢玄

谢玄是东晋名将，他文武兼备，立志要恢复晋朝江山。经他创建的"北府兵"，不仅战斗力极强，而且特别能吃苦，是东晋军队中的精锐。

在淝水之战中，"北府兵"列队整齐，威风凛凛，令秦主苻坚望而生畏。

甚至连晋军正在驻扎的山上的草木，都像漫山遍野的士兵。这便是成语"草木皆兵"的来历。这时候，苻坚转过头对弟弟说："谁说晋军兵力不足，他们是多么强大的敌人啊！"可见，这时候他也有点后悔自己轻敌了。

几天以后，谢玄派自己的士兵给前秦军队送去了挑战书，要求秦兵稍微后退，留出空地，以便晋军过河了以后可以双方马上展开激战。有人立马表示反对，但苻坚却说可以后退，可以待晋军渡河渡到一半时，冲过去杀他们个片甲不留。

这时候，谢石借着这个机会命谢玄、谢琰率领八千骑兵渡河，直冲秦兵阵地。本来秦兵撤退时队形就已经乱了，没曾想敌人居然在这个时候突袭，于是，整个队伍一下子全散了。加上朱序趁乱在队列里大喊："我们要败了，大家快跑呀！"秦兵都非常害怕，一个个拔腿就跑。

苻融发现中了计，想要赶紧上马指挥，却没想到他的那匹马一下子跌倒在地，他也重重摔在了地上，于是，苻融就被乱军给踩死了。苻融死后，前秦军队失去了指挥，顿时不可收拾。

这时候，苻坚知道自己也拦不住败兵，于是也拼命逃跑，一路上他听到呼呼响的风声以及随风而来的鹤鸣声，居然以为这声音是晋军还在追赶，于是他不顾白天黑夜，拼命逃跑，这便是著名典故"风声鹤唳"的由来。

由于轻敌，符坚的军队被晋军打得人仰马翻

▲ 王羲之

王羲之是东晋时期著名的书法家，被后人称为"书圣"。他擅长隶、草、楷、行等各种字体，精心研究字体结构，博采众长，摆脱了汉魏书法的束缚，自成一家，对后世有深远影响。

王羲之最著名的代表作是《兰亭序》，被称为"天下第一行书"。他的儿子王献之也是著名书法家，由于书法成就卓著，后人将父子合称为"二王"。

知识链接

淝水之战的意义

淝水之战后，南方和北方均无力统一全国，国家陷入长期分裂。

不为五斗米折腰

陶渊明是东晋时期有名的大诗人，我们在读他的诗的时候，大多感觉他过得很寒酸，但这实际上是他自己选择的道路。陶渊明本是名人之后，其曾祖父曾担任朝廷的大司马，家里虽说不是大富大贵，但也可以达到小康水平了。陶渊明年轻的时候立志一定要为国家做贡献，但是那个时代是战争频繁的时代，国家更需要可以冲锋陷阵的武将，而文人不受器重，再加上他为人耿直，不喜欢那些权贵溜须拍马，所以和时代有些格格不入。

陶渊明第一次当官主要是因为要孝敬老人、照顾家庭，不得已做了江州祭酒。但他在任期间，不能忍受官吏的一系列职责约束，而且也看不惯官场上的乱象，没多久自己就解职回家了，靠着种田劳作来养活自己和家人。

后来发生了一场灾祸，陶渊明变得更加一无所有，自己的几间草屋也被一场大火烧光了。于是他带着全家住在船上，一直靠着朋友的接济来维持生活。后来，他的朋友们看不下去了，就劝他回去当彭泽令。他上任了三个月以后，朝廷派刘云下来视察公务，这个人势利而又霸道，经常借自己的职务

之便索要贿赂。而且若是当地的百姓和官员拒绝给他送礼，他就会公报私仇。

县吏见是刘云过来视察，就提前告诉陶渊明，要穿上礼服亲自去迎接。陶渊明听了以后，长叹一声道："我怎么会为了区区五斗米的俸禄就要向乡野小儿折腰呢！"当天，他就再次辞官回家。这便是"不为五斗米折腰"的故事。

陶渊明所向往的隐居生活并非完全与世隔绝，他之所以要隐居，主要是不想自己被官场的不良风气所污染。由于他长期在田间劳作，非常了解老百姓的生活疾苦，因此在他所作的诗篇中，大多都是反映了自己对黑暗社会的厌恶。

不再为官以后，生活平静了下来，但陶渊明的心却没有平静，他将自己的理想抱负都寄托于自己的诗文之中。

他的诗作之中，也有很多关于美好生活的描绘。在他的代表作《桃花源记》一文中，陶渊明描绘了一个令人心驰神往的理想世界。虽然陶渊明所创造的"世外桃源"我们不知道究竟是真是假，但确实是陶渊明的美好向往，这与当时水深火热的现实社会形成了非常鲜明的对比。

陶渊明晚年贫病交加，他作了《挽歌诗》，这首诗表达了自己对于生死的态度，他还在诗中安慰自己的亲友不要悲伤。

公元 427 年 11 月，陶渊明带着自己对于美好生活的向往，告别了这个世界，去了他梦中一直追寻的桃花源。

▼ 陶渊明笔下的《桃花源记》

桃花在中国文化中有很多寓意,主要为:象征春天;象征爱情;象征长寿,如寿桃;象征美好生活,如桃花庵;象征学生、弟子,如桃李满天下

成败皆因篡位

淝水之战后，风光一时的前秦政权趋于瓦解，南北朝时期开启。这是两晋以后中国历史上的一个分裂时期，共历时169年，自刘裕代替东晋成立刘宋的公元420年起，至公元589年隋灭陈结束。

说到南北朝时期，就要先从刘裕这个人说起。刘裕的先祖原本居住在彭城（今江苏徐州），但是由于连年战事，一家人搬到了京口（今江苏镇江）一带。刘裕年幼时，父亲就已经去世了，于是，他加入了当时有名的"北府兵"。凭借自己的骁勇善战，刘裕很快便当上了帐下司马。

公元399年，孙恩带领教徒造反。朝廷派北府军的大将刘牢之讨伐，在出发以前，刘牢之请刘裕到自己帐下一同参谋军事。

这年十二月，双方正面交锋，刘牢之派刘裕打探军情，却遭遇半路伏击，刘裕手下的人几乎被杀光了，他则冲入敌军的队伍，奋勇杀敌。后来，刘牢之的儿子刘敬宣害怕刘裕被敌人包围，于是他单枪匹马来救刘裕，刘牢之的援军也随后到来，敌军见状，纷纷奔逃而去。

知识链接

陶渊明是隐士吗？

通常情况下，隐士要符合多个条件。首先他要是"知识分子"。其次，他们要有独立的人格、思想，既不委曲求全，也不趋炎附势，而且还要有常人所不具备的德行和意识，最重要的是他们是发自内心地喜欢隐居，不愿走仕途。所以，那些单单居于乡野山林之间，向往仕途却不得志，或者没有文化的人，都不能被称为"隐士"。

由此可知，陶渊明是真正的隐士。

南北朝平分天下 | 成败皆因篡位

公元400年，孙恩又率领队伍攻打会稽。东晋朝廷则再次派出刘牢之来对抗他。孙恩听说对方是刘牢之，就非常害怕，赶紧带着自己的人马逃跑了。

为抵挡孙恩，刘牢之驻军在上虞，又派刘裕镇守句章城（今浙江宁波附近）。那时候句章城不过是一个非常小的防御城堡而已，军队才只有几百人，怎么能够抵挡孙恩的大军？

盾牌用以掩蔽身体，抵御敌方兵刃、矢石等兵器的进攻，呈长方形或圆形。盾的内面有数根系带，称为"挽手"，以便使用时抓握。

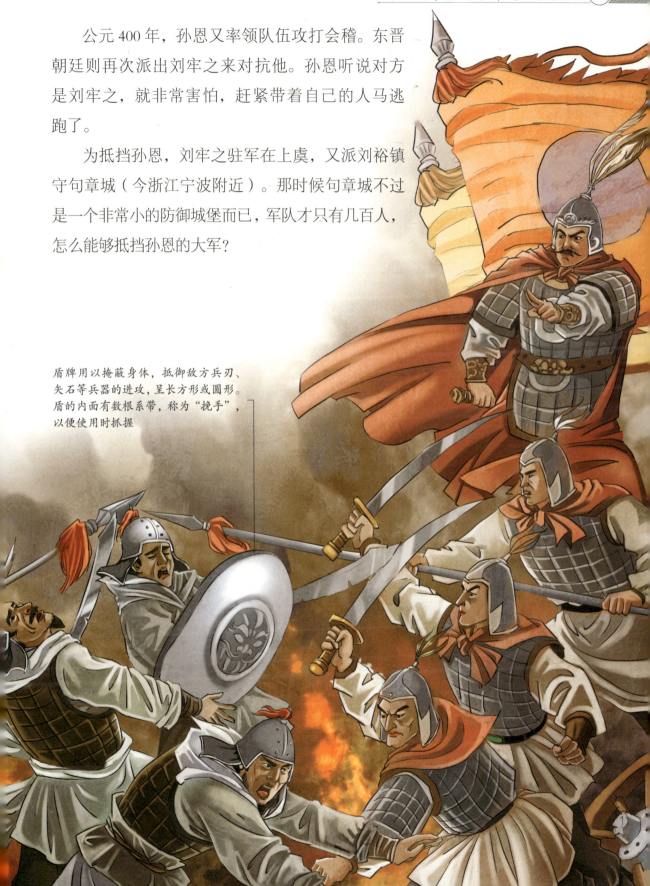

> **知识链接**
>
> **桓玄改简为纸**
>
> 桓玄在位时，曾命令写字时不再用竹简，而要用纸。蔡伦改进造纸术后，虽然纸张大为普及，但国家政令仍然使用简牍。
>
> 桓玄下诏："古无纸，故用简，非主于敬也。今诸用简者，皆以黄纸代之。"从此，纸张彻底代替简牍，成为朝廷公文的书写工具。

▲ 北朝铅黄釉绿彩刻莲瓣纹罐

但刘裕并不担心，还将句章城作为自己培养队伍的练兵场，他训练出了一支可以以一敌百的精锐部队。那时候许多东晋将领经常压榨百姓，但刘裕在这里却以身作则，保护百姓，还要求自己的部下也如此。得民心者得天下，刘裕所做的一切都让句章城的老百姓非常感动，也为他的政治道路奠定了很好的群众基础。

公元402年，司马元显奉命出兵征讨荆州刺史桓玄，派遣刘牢之来抵抗桓玄的部队。这次，刘牢之依然让刘裕一同参谋军事。双方相遇后，刘裕劝刘牢之一定不要投靠桓玄，将桓玄这人的心狠手辣之处讲给刘牢之，但刘牢之不听，还是决定向桓玄投降。后来，果然如刘裕所说，桓玄一占领建康，就想卸磨杀驴，刘牢之最后被逼得自杀了。

公元404年，刘裕以打猎为借口，将北府兵的许多旧部都召集在一起，他们在京口（今江苏镇江）一带起兵，先杀死了桓玄的亲信，接着又带领两千多人的军队进攻建康。桓玄听闻刘裕造反，就派自己手下的两名大将吴甫之与皇甫敷出兵，抗击刘裕的军队。就在生死存亡之际，刘裕丝毫不害怕，将生死置之度外，这种气势也感染了其他将士，这一仗大获全胜。公元405年，刘裕因护国有功被封为侍中、都督中外军事，他此时的地位已经是一人之下，万人之上。

尽管他救国有功，但刘裕觉得自己还不足以"功高盖主"，取而代之做皇帝。义熙五年（409年），刘裕带兵北伐，想要一举攻下山东和河南的部分南燕政权。而此时的南燕君主慕容超并没有再打仗的心情,于是,他赶紧向后秦的君主姚兴求助。但当时姚兴也是自顾不暇,他便给刘裕写了封信,信中说:"慕容超和我交好,如今他向我求助,你识相的话还是趁早退兵,不然我就率10万大军直逼洛阳。"这封信的恐吓意味非常明显,但刘裕丝毫不害怕。

当时刘裕的手下多少还有点担心,若是姚兴真的被激怒了,发兵攻打可如何办才好?刘裕说道:"骑兵打仗是一件非常机密的事,姚兴却那么大张旗鼓说要率兵十万,这明显是虚张声势。"

果然,刘裕猜得没错,直到他活捉了慕容超,都没看到姚兴十万大兵的影子。后来,刘裕在结束南燕的事情以后,马上又掉头攻打姚兴。当时,姚兴已死,儿子姚泓即位,很快也被活捉了。

可就在一切战争即将胜利的时候，刘裕之前安插在朝中的心腹刘穆之却病逝了，刘裕担心自己好不容易才得到的地位被别人夺取，他急忙返回建康。回到朝堂以后，他做的第一件事就是要铲除异己，他将那些和自己能力相当又不能为自己所用的人全部杀掉了。

公元418年，刘裕感觉时机已经成熟，就派人将晋安帝勒死，然后扶植他的弟弟司马德文为帝。两年以后，他又逼司马德文将皇位通过禅让的方式给自己。公元420年，刘裕终于登上王位，改国号为"宋"，都城位于建康，历史上称为宋武帝。不久，刘裕命人用毒酒将司马德文毒死了。

生性节俭

刘裕不像魏、晋开国皇帝出身贵族。他出身极为贫寒，完全是靠自己的本事白手起家当上皇帝的。他声称自己是汉高祖刘邦之弟——刘交的后代，其实这是编造的。因为魏晋时期最重视门阀，如果没有显赫的祖先，就得不到社会的承认，所以他才这样说。

刘裕对自己的贫苦出身是不隐瞒的，不像有些帝王那样富贵了就忘本。刘裕虽然识字不多，但对历代兴衰颇有了解，深知对一个帝王来说，简朴有什么好处，奢淫有什么危害。

刘裕从来不装饰自己的宫殿车马服玩，也不欣赏歌舞丝竹。他的长史（王府属官，总管府内事务）曾劝他设置乐队，刘裕说："太忙了，没工夫听它，再说也听不懂。"

有一次宁州进献琥珀枕，晶莹美丽，价过百金。当时刘裕正要北伐，看到琥珀枕，想起琥珀可以治枪伤，于是大喜，命令立刻将其砸碎分给诸将。

还有一次，广州献上筒细布，精致无比，巧夺天工，刘裕认为花费精力搞这种无用的东西，实在是劳民伤财。他马上吩咐有关部门弹劾广州太守，把布退回，并下令禁止岭南再织造这种布。

刘裕晚年患有热病，历次作战留下的伤口常常

知识链接

生活不能自理的皇帝

晋安帝司马德宗是东晋的第十位皇帝，是晋恭帝司马德文的哥哥。司马德宗即位后，国家越来越乱，418年他便被杀了。

司马德宗从小就生活不能自理，不会说话，不知饥饱，吃喝拉撒全靠别人照料，是位白痴皇帝。

刘穆之

刘穆之是东晋末年的重臣，家在京口（今江苏镇江），喜欢读书，记忆力很好。刘裕很器重他，征战时常令他留守建康，总掌朝廷内外事务，官至尚书左仆射。

> **知识链接**
>
> **刘裕杀害禅位君主**
>
> 以往的禅位君主基本都能保全性命,甚至还要给予各种礼遇,以显示仁义博爱。但是刘裕称帝后,先将晋恭帝司马德文降为零陵王,一年后将其杀害。
>
> 造化弄人,刘宋最后的皇帝刘准也被迫禅位,不久便被新皇帝萧道成杀害。

发炎,坐卧需要冷东西垫衬。有人知道后献上了石床,供刘裕享用,试验后果然很好。但刘裕恐怕因此又有人献银床、金床,奢风一开,将不可收拾,于是命人立即将石床打碎。

历来的帝王,都希望宫中财帛越多越好,一来可供自己享用,二来可任意赏赐皇亲国戚或臣下。但刘裕立下规矩,财帛都归入外面府库,一律不许入宫。

刘裕的节俭不像有些帝王只是口头上说说摆样子,他是把节俭当作一种美德来要求家人和部下的。所以,他的臣下与兵士都以节俭为美,以奢华为耻。皇宫中有刘裕的旧农具、旧衣物被留下作为传家宝,警示后人,比如他遗留的破衫袄,就被当作法宝用来联络亲属间的感情。

南北朝平分天下 | 生性节俭

公主出嫁时，刘裕规定遣送不过二十万钱，而且不许置办锦绣金玉。刘裕本人装束更为简朴，日常穿一双连齿木拖鞋。他喜欢步行出神武门左右闲步，每次只带十几个随从。由于刘裕的提倡和以身作则，当时朝廷上下无不节俭，皇子们每天问起居，也只穿家常裙帽，而不穿礼服。

刘裕即位的第三年，即永初三年（422年），他去世了。刘裕在晋朝末年消灭内贼外患，北伐中原，安定天下，功不可没。

▼ 青釉人骑兽器

闯关小测试

1. 成汉政权的建立者是（ ）
   A. 李特　　B. 李雄　　C. 李期

2. "既不能流芳百世，便要遗臭万年"源自（ ）
   A. 桓温　　B. 王坦之　　C. 谢安

3. "不为五斗米折腰"讲的是谁的故事？（ ）
   A. 谢灵运　　B. 檀道济　　C. 陶渊明

参考答案：1.B 2.A 3.C

分裂与统一

拓跋鲜卑的发迹，让北方人民不再受到战乱的威胁，但是这种和平景象并没有维持多久，就被打破了。宇文家族起起落落，北齐王朝难当大任，北周皇帝英年早逝，杨坚的出现，拯救了这个动荡不安的社会。

另一个魏国

笑到最后才笑得最好，这句俗语也适用于历史。五胡十六国中，鲜卑族实力最弱。而拓跋鲜卑作为鲜卑族中的一个小分支，更是弱者。但是它却在各国争霸中韬光养晦，最终终结了北方战乱，建立了一个较为稳固的北方政权。

鲜卑族是一个非常古老的民族。但其来历，历史学家们的观点并不一致，有人认为他们是一直居住在北方的炎黄子孙，有人认为他们是神农氏的后代。东汉和帝时期，鲜卑族渐渐发迹，窦宪击退北匈奴事件，让北方的势力重新洗牌，鲜卑人就趁机扩大了疆土。三国后期，匈奴辉煌不再，成了鲜卑

知识链接

鲜卑族

匈奴没落后，蒙古高原上又崛起了一支古代游牧民族，它就是鲜卑族。鲜卑族在魏晋南北朝时期对中国影响巨大，它发源于东胡，广泛分布在中国的北方。

秦汉时期，匈奴打败了东胡。东胡一分为二，分别退往乌桓山和鲜卑山，形成了乌桓族和鲜卑族，受匈奴奴役。因此鲜卑族的生活习俗和乌桓、匈奴相似。

的一个小部落。五胡十六国中后期，很多少数民族都衰弱了，但鲜卑族逐渐强大，起初最弱的拓跋鲜卑终于成就了大业，建立了北魏政权。

拓跋鲜卑能够成就大业，离不开拓跋珪的努力。公元386年，拓跋珪在部众的支持下，恢复了"代王"这个称号。此后十年间，拓跋部落成长为一个实力强大的军事集团。拓跋珪建立政权后，立志为自己的祖父报仇，于是打败了强大的铁弗部落。铁弗部落是匈奴人的政权，曾建立著名的夏国，诞生了大名鼎鼎的君主赫连勃勃，但最终还是被拓跋珪所灭。

拓跋珪战胜铁弗政权后，成了河套地区的老大，占领了当时北方最大的产马场，如此，拓跋珪无疑是如虎添翼。同时期，也属于鲜卑政权慕容家族的后燕，统治着今天的河北、山东、山西、河南一带地区，拓跋珪与后燕之间开始发生摩擦。

公元395年，后燕皇帝慕容垂决定攻打拓跋珪，派出了太子慕容宝出战。拓跋珪深知自己的力量不敌慕容家族，因此他让部下做出节节败退的假象，以诱敌深入，又派人向后秦求救兵。慕容宝由于长途奔袭，体力消耗殆尽，将士们也十分疲惫，军心涣散，于是他打算先撤兵，而拓跋珪则看准时机，派兵包抄了慕容宝的部队，结果一举灭了8万后燕大军，俘虏5万多人，之后拓跋珪残忍地将5万俘虏全部活埋。第二年，拓跋珪率军乘胜追击，夺取了后燕在今天河北的地盘，后燕见势不妙，为保存剩余力量，只能远逃。公元398年，拓跋珪迁都平

▲ 窦宪

窦宪是东汉外戚、权臣、名将。窦宪北伐打败匈奴后，成为汉朝权臣，起了篡汉的念头，并密谋篡位。汉和帝提前知晓密谋后，和中常侍郑众设计铲除窦宪。

永元四年（92年），汉和帝命令抓捕窦宪的党羽，没收他的大将军印绶，先改封为冠军侯，后又被赐死。

知识链接

富裕的河套地区

河套地区指黄河"几"字弯和周边的流域。

河套地区为人们提供了取之不尽、用之不竭的文化资源和生活资源，谚语说"黄河百害，唯富一套"。

这种河套地形在世界其他大江大河中绝无仅有。

城(今天的山西大同)。同年,拓跋珪举办了登基大典,正式定国号为"魏",即历史上的北魏。

战胜后燕后,拓跋珪的北魏政权军事实力极强,在北方已经没有对手,但经济实力却很成问题,百姓缺吃少穿。他的领土河北、山西以及河套地区,尽管畜牧业较为发达,但经济基础并不好,由于常年征战,十分落后。

为了改变现状,拓跋珪决定实行"屯田制"。他派军队在河套地区屯田,又因这里缺少人口,因此就把俘虏的几十万汉人都迁到山西平城。他还创造性地想出了一个"计口分田"的政策,即土地和耕牛都按照每家每户人口多少来分配,这个政策看似简单,但在历史上,对整个南北朝来说都有非同凡响的意义,这就是著名的"均田制"的雏形。

中原地区因战乱,百姓流离,经济发展基本上是一潭死水,拓跋珪就采取了先进的农业和经济政策,盘活了经济这潭水。这个政策不仅极大推动了北魏的经济发展,甚至对隋唐政权也有一定影响。原本满目荒凉的河套地区,逐渐变成了塞北江南。

在肃清敌人之后,拓跋珪和他的祖父一样,开始笼络人心,他主动向河北最大的两个汉族世家大族张家和崔家示好,赢得了张、崔两家的支持,以此为基础,他很快稳定了对北方汉族的统治。

北魏王朝逐渐走上正轨之后,道武帝拓跋珪觉得自己已经不用操心政事了,于是开始倦于政事。他开始迷信神仙之说,让人为他制作寒食散,长期服用之后,他身心大变,经常无故发怒,也变得常

知识链接

北魏名字的由来

"魏"字具有美好伟大的意思,也是"神州上国"之名,所以定国号为魏。为了有别于曹魏政权,某些史书称其为"后魏",但因为史学界不称曹魏为"前魏","后魏"也较少使用。因为他的皇室姓拓跋,后改姓元,属于北方政权,所以又称为拓跋魏、元魏、北魏。

均田制

均田制是按人口分配土地的制度,部分土地在耕作一定年限后归百姓所有,部分土地在其死后归还官府。

分裂与统一 | 另一个魏国

常疑神疑鬼，没有理由就滥杀官员，朝堂上人人自危，身边的亲信也不敢接近他，朝政逐渐荒废。公元409年，拓跋珪的儿子拓跋绍在宦官和宫人的帮助下，杀掉了自己的父亲拓跋珪。

朝廷动荡，危难存亡之际，太子拓跋嗣在汉化派的支持下战

将羽毛插在帽子上，可以辨别其地位、功勋等，有些地方用羽毛的数量衡量成就的大小

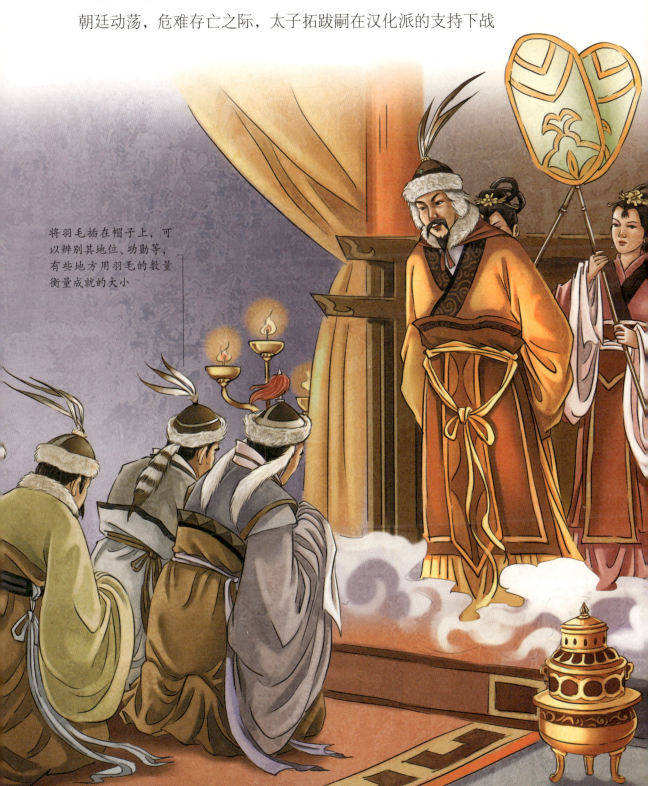

胜了拓跋绍，重新夺回了政权，北魏又步上正轨。公元423年，拓跋嗣病死，他的儿子拓跋焘继位，史称太武帝。在拓跋焘的带领下，北魏最终消灭了北方的剩余割据势力，统一了长期分裂的黄河流域。

拓跋焘自幼就表现出了聪明才智，文武双全，而且能够礼遇朝廷大臣们，加上拓跋焘的母亲是汉人，于是朝堂上的汉人们都看好他的未来，愿意支持他成为太子。拓跋焘从中明白，治国不仅要靠武力，还要用儒家的礼乐法度来安邦。

登基后，拓跋焘决定首先拿北方的柔然练手。他很有谋略，认为如果不灭柔然，解决后顾之忧，那么就很难统一北方。事实证明，他的判断是正确的，柔然也一直在虎视眈眈地盯着北魏。公元424年，柔然可汗趁拓跋焘刚即位不久，就偷偷进犯平城，拓跋焘立即带兵迎战，柔然可汗见占不到便宜就退兵而去。

不久后，拓跋焘主动进攻柔然，他兵分五路，亲自征战柔然，柔然也积极应战，两方在草原上一连打了许多天都没有分出胜负。最后，拓跋焘的一路士兵中了柔然的计，但拓跋焘仍然毫无畏惧，他身先士卒，带头英勇拼杀，柔然可汗被拓跋焘英勇杀敌的样子吓到了，于是带着兵马逃走。其他将士们看到可汗出逃，失去了主心骨，顿时大乱。这一战，柔然部落损失很大，元气大伤。

在随后的两年时间里，拓跋焘又两次带领军队伐夏。匈奴人不敌北魏，看见拓跋焘打过来，就不敢应战，躲了起来，但没想到拓跋焘并没有因此

知识链接

拓跋焘的贡献

拓跋焘统一了黄河流域，结束了西晋末年以来北方地区的混乱局面，为北方经济文化的恢复和发展奠定了有利条件。

▲ 北朝赤金帽花

放过他们,而是上去就砍,尽管自己差点被敌人射死,但拓跋焘仍然继续指挥作战,丝毫不退,匈奴人见状全线崩溃,拓跋焘大胜。

后来,拓跋焘与北燕和北凉作战又取得胜利,至此,北方能够和北魏抗衡的主力全都被拓跋焘消灭了。经过多年的浴血奋战,拓跋焘终于一统北方,由此开启了南北朝长达百年的对峙。

> **知识链接**
>
> **柔然**
>
> 　　继匈奴、鲜卑等之后,公元四世纪后期至六世纪中叶,蒙古草原上崛起了一个汗国,史称柔然。
>
> 　　柔然的最高统治部落是鲜卑别部的一支。

孝文帝的汉化改革

公元452年,英明一世的魏太武帝拓跋焘被身边的太监宗爱所杀。之后拓跋濬继承皇位,改元兴安,史称文成帝。不同于拓跋焘,他为人宽厚仁慈,是一位守成的君主,其后的皇帝献文帝拓跋弘也坚守着"为国之道,文武兼用"的治国方针,进行了多项改革,进一步巩固了北魏的政权。

献文帝之后,拓跋宏即位,史称北魏孝文帝。孝文帝拓跋宏是献文帝拓跋弘的长子。当时北魏大权由文成帝的皇后冯氏掌握,她正与献文帝进行权力斗争。拓跋宏出生后,冯太后将他接到了自己的宫中抚养。献文帝在位仅六年时间,就在471年将皇位禅位给自己的长子拓跋宏。拓跋宏自小跟着冯太后长大,从小就对汉文化十分感兴趣,熟读儒家经典,他登基后,集才华与权力于一身,做了一系列开天辟地的大事。

▲ 北魏"安北将军章"龟钮铜印

分裂与统一 | 孝文帝的汉化改革

○ 迁都洛阳

孝文帝即位之后,延续了祖母冯太后的汉化政策,继续改革,为了更好地进行统治,他面临着是否迁都的问题。由于当时北魏都城在平城,位置偏北,环境较为恶劣,经常有暴雪和风沙天气。同时,这一时期柔然已经逐渐恢复过来,时常威胁北魏安全,因此,迁都就显得尤为必要。

但朝中有许多鲜卑贵族并不接受迁都,于是在公元493年,孝文帝叫来文武百官开会,宣布自己

冯太后辅佐三代帝王,为北魏王朝的政局稳定做出重大贡献

要和南方的萧齐王朝开战。孝文帝率领大军一路行至洛阳，正好赶上大雨，道路湿滑泥泞，士兵们非常困苦，朝中的大臣们也很是疲累，纷纷来到孝文帝的马前，请求回家。孝文帝装作坚决不回的样子，痛斥大臣说："覆水难收，我此行是为平定天下，你们竟然来阻挠我。"他骂完之后，就要继续出发，这时，安定王拓跋休和尚书李冲等大臣都哭着跪倒，劝说孝文帝不要再前行，孝文帝看时机成熟，就顺势说："我们此行百万大军南下，历经千辛万苦才到此地，总不能就这么半途而废，不然我们就在洛阳安家吧，下次再攻打南方也容易。"鲜卑的贵族虽然不愿意南迁，但此时更不希望孝文帝继续南行，于是只好答应下来，孝文帝则利用了他们的心理，实现了自己迁都的目标。

易风易俗

定都洛阳后，很多鲜卑人都拖家带口跟到洛阳落户。但他们除了生活的地方改变之外，其他的衣食住行方式都没有改变，依旧穿鲜卑的传统服饰，讲鲜卑话，过游牧生活，与孝文帝的预期有很大出入。于是孝文帝决定要改革风俗，让鲜卑人向汉人学习。

首先，孝文帝下诏，鲜卑和其他少数民族必须改穿汉人衣服，就连文武百官也要穿汉族的朝服。

公元495年，孝文帝再次下诏要规范用语，鲜卑人不能使用胡语，都要改说汉话，就连死后也不能返回故土，必须全部葬在当地。于是，迁到洛阳居住的鲜卑人都按令学习经营土地，向当

知识链接

女政治家冯太后

冯太后是北魏文成帝拓跋浚的皇后，献文帝拓跋弘的嫡母，孝文帝元宏（拓跋宏）的祖母。她是我国古代出色的女政治家、改革家，曾在北魏中期进行了一系列改革，对后期孝文帝推行多项改革措施奠定了坚实的基础。

诚然，冯太后在政治上是雷厉风行，但在日常生活中却非常仁慈。

据说有次她身体欠佳，要服用汤药调理，谁知厨师却端来一碗米粥，因为太过粗心，竟然没发现粥中有只大壁虎。冯太后正要喝粥时，正巧汤匙将壁虎挑了出来。

孝文帝当时在旁边侍奉冯太后，他非常生气，狠狠地把厨师大骂了一通，正准备严厉处罚。但冯太后笑着摆了摆手，下令放了厨师。

地的汉族人学耕种技术，鲜卑人逐渐在文化、风俗和生产方式上和汉人保持一致。

○ **提拔门阀**

尽管改革的速度已经很快了，但孝文帝仍然不满意，因此又下了改名的诏令，让鲜卑人的王公贵族把复杂的姓氏改为单音的汉姓，他将皇族的拓跋氏改为元氏。

文武百官换上汉服后，促进了北魏的汉化

这样一来,鲜卑人改名换姓,与汉人之间的差异更加缩小。

孝文帝想让鲜卑彻彻底底地学习汉族文化,还特意用姓来区分鲜卑贵族和汉族官吏的高低,以官职的高低和功劳的大小作为评判原则,让人把姓氏分为甲、乙、丙、丁四等,再将汉人的姓氏分为四海大姓、郡姓、州姓、县姓,界限分明。

○ 平定叛乱

孝文帝的改革渐入佳境,但他的亲儿子偏不识相想要叛变。原来,孝文帝的儿子元恂平时就不喜汉人的各种规矩,并且他体胖怕热,十分想念凉爽的平城,于是趁老爸外出视察,就杀死了大臣高道悦,盗了御马,准备回平城,却被禁军逮个正着。第二天一早,尚书陆琇就上报孝文帝。孝文帝听说这件事,当场大怒,亲自打到自己的儿子几个月起不来床,还召见群臣要废掉太子,后来他以元恂谋逆为由,将其赐死。

一波刚平一波又起,北魏的桓州刺史穆泰、定州刺史陆叡打算谋反,他们勾结了驻守平城的鲜卑贵族,要宣布独立。孝文帝听说后,忙派任城王元澄平乱。元澄先派属下潜入城中作叛军的思想工作,后以大军围城专门攻打顽固的叛乱分子,叛军土崩瓦解,穆泰和陆叡被活捉,这下子,再也没人敢"思乡"了。

公元499年,孝文帝在南征萧齐时身染重病,返回至谷塘原(今河南邓州市)时,孝文帝下诏让北海王元祥等六人辅佐自己的儿子巩固基业。不久后,北魏孝文

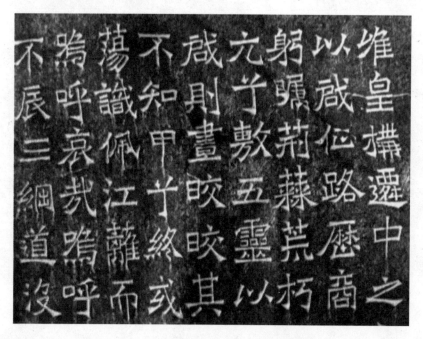

▼ 孝文帝吊比干碑文

帝在谷塘原行宫病逝。

孝文帝是杰出的政治家，他的改革推动了北方各少数民族和汉族的融合，为后来的隋统一中国奠定了基础。此外，龙门石窟也是他给我们留下来的遗产。

▲ 拓跋宏

短暂的和平

北魏迁都前，北方战火不断。因此，北魏在北方的要塞之地设立了六个军镇，这六个军镇分别是沃野（今天的内蒙古五原东北）、怀朔（今天的内蒙古固阳西南）、武川（今天的内蒙古武川西土城）、抚冥（今天的内蒙古四子王旗东南）、柔玄（今天的内蒙古兴和西北）、怀荒（今天的河北张北县），北魏派了英勇善战的鲜卑族人负责镇守，以起到两个作用：一是保证国防安全，二是可以防范鲜卑族的死对头——柔然。因为其作用巨大，因此，镇守在六镇的军民地位也极高。但自从孝文帝迁都洛阳后，六镇的境况就开始走下坡路，大不如从前。

> **知识链接**
>
> **平城**
>
> 平城（今山西大同市）是北魏中期的都城，是在汉朝平城县的基础扩建的。天兴元年（公元398年），北魏道武帝拓跋珪迁都至此。

◦ 六镇之乱

北魏迁都意味着经济和文化中心也全部南移，但驻守在六镇的军队却不能随之迁移，因此他们不再受到重视，与生活在京城过着歌舞升平的日子的士人们相比，驻守的将士生活显得凄凉疾苦，随着

火攻是古代战场常用的战术，实施火攻需要几个条件：①天气干燥；②敌人营房的建筑材料是易燃材料，如茅草木料；③敌人的粮草集中存放；④敌人营房附近有易燃的草木

分裂与统一 | 短暂的和平

迁都后,北魏统治者对北镇越加不关注,时间久了,人心思变,六镇之乱的隐患埋下了。

公元525年,沃野镇人破六韩拔陵不满现状,举兵起义,起义军势头猛烈,所向披靡,竟接连占据了武川、怀朔、五原、高平等数个镇,朝廷得到急报,一片哗然,情急之下,慌忙求助柔然出兵,请其协助北魏一同镇压破六韩拔陵的起义军。双方达成共识后,柔然的可汗阿那瑰率军十万,一路从武川镇出发,向西进攻沃野镇。同时,北魏派出元渊,率领部队也到达沃野镇,元渊在部下于谨的建议下,决定分化瓦解起义军。计谋成功了,没战多久,起义军的将领乜列河就率了三万人投降,破六韩拔陵得知消息后,追击乜列河叛军,元渊趁机设伏兵袭击,大败破六韩拔陵的部队,六镇起义就这样被镇压了。

镇压叛乱后,北魏政府为避免后患,将六镇的二十万军民分开安置,分别安置在于定(今河北定县)、冀(今河北冀州)、瀛(今河北河间),北魏政府以为这样一来就可以防止他们再次叛乱,结果六镇军民刚到河北,又遇到了水旱之灾,土地颗粒无收,军民没有食物果腹,衣食无着,他们不能生活下去,于是再次集结起来,又发动了二次起义。

第二年,原五原镇的降户鲜于修礼带领北镇的降民在定州左城(今河北唐县)起事。起初,起义军势如破竹,但在同年八月,起义军内部发生了分歧,内讧之中,鲜于修礼被部将元洪业杀掉,元洪业想要向北魏投降,这时,鲜于修礼的另一个部将葛荣不同意,他又将元洪业杀掉,由自己作为统帅,继续带领义军与北魏的军队战斗。

这一年九月,葛荣大胜。北魏章武王元融不敌葛荣,被葛荣在阵前斩杀了。葛荣趁势又俘虏了广阳王元深,由此声势大振,不久后他就建立国家,国号为齐,自立为天子,年号广安。

北魏朝廷见状,惊慌失措,而声势浩大的反魏浪潮、齐国的助攻大队以及尔朱荣的出现,使北魏朝廷更加风雨飘扬,岌岌可危。

○ 河阴之变

尔朱氏本是东胡的一支,早前因为跟随北魏拓跋珪进取中原立下功劳,因此得到封地,家族在尔朱荣的父亲尔朱新兴这一代时,已经非常富有。公元527年,葛荣率领起义军攻下了殷州、冀州。尔朱荣就上表朝廷,希望可以带兵征讨,朝廷准许了,在平乱的过程中,尔朱荣收获了北魏后期军事三巨头——高欢、宇文泰、侯景的追随,他们都在这个时期自愿加入尔朱荣的队伍,这三人的加入使得尔朱荣如虎添翼,很快他带领的队伍就发展成了一支强有力的军事力量。

▼ 青釉龟形砚滴

随着力量的不断壮大,以尔朱氏为首的集团不再满足当前的地位,他开始寻找进入北魏权力中央的契机,幸运的是,当时刚好有一个机会掉在了他面前。

当时,北魏大权由孝明帝的母亲胡太后把持,尽管皇帝已经年满19岁,但仍不能独掌大权,皇帝不甘心大权旁落,因此他看中尔朱荣的军事力量，选择他帮助自己夺权。尔朱荣得知圣上旨意后兴奋不已，当机立断整兵备马，率部队南下洛阳，助皇帝夺权。但胡太后也是十分厉害的人物，尽管皇帝是自己的儿子，她也心狠手辣，抢在尔朱荣回来前，毒死了孝明帝，又另立了年仅3岁的临洮王世子元钊为新一任皇帝。

事发后，尔朱荣举兵南下，胡太后担心尔朱荣会发起事变，因此让尔朱荣的弟弟尔朱世隆北上，前去阻止自己哥哥的进一步举动。但她万万没想到，尔朱世隆并没有阻止哥哥，而是与哥哥二人联手，里应外合，一起抗表起兵，并在河阴立长乐王元子攸为帝，史称孝庄帝。

河阴之变后，曾跟随孝文帝迁都到洛阳的鲜卑贵族和在北魏任职的汉族名门都被屠杀殆尽，北魏朝廷的政局重新洗牌，尔朱荣趁机将北魏的政权牢牢地掌握在自己手中。

与此同时，北方葛荣领导的起义势力不断壮大，兵锋直指洛阳城。尔朱荣有丰富的作战经验，他并没有因此而惊慌失措，只精心挑选了七千名精锐骑兵，就到河北应战。葛荣看到敌军人数如此少，轻视敌人，结果被尔朱荣抓住机会，趁势击败了葛荣。葛荣带领的数十万起义军战败后，一朝散尽，河北起义宣告失败。

平定叛乱之后，尔朱荣率领部队回到了自己的老家——山西晋阳。由于尔朱荣在平叛中立下了汗马功劳，因此如果他当时可以为人低调一些，给

> **知识链接**
>
> **胡太后之死**
>
> 尔朱荣率兵渡过黄河，胡太后将孝明帝所有的宫女都召进寺院，命令都剃去头发，连她自己也不例外。
>
> 尔朱荣很快就派兵将胡太后和幼主押送到河阴。胡太后多次为自己辩解，惹得尔朱荣命人将她和幼主投入黄河。

孝庄帝一些面子，对其他的官员和百姓们宽容一些，后人们大概还会给他一个"中兴名臣"的好评，但尔朱荣却不是如此性格。他胜利后，不断挑战皇帝的权威，把持大权，皇帝甚至连一个小县令的任命权都没有。皇帝无法忍受自己一点实权都没有，忍无可忍之下，决定与城阳王元徽、侍中李彧共同商议除掉尔朱荣。

公元530年，尔朱荣从并州出发南行，随身带了几千警卫骑兵，当时朝野内外传言，说尔朱荣这次进京，若非是他造反成功，便是他被孝庄帝杀害。孝庄帝

看机会来了，于是先发制人，派属下谎称皇后生下了皇子，宴请尔朱荣，尔朱荣被骗进了皇宫后，在朝堂上被孝庄帝亲手杀死。事情传出后，尔朱荣的侄子尔朱兆，以及堂弟尔朱世隆不甘心尔朱荣被杀，于是带领尔朱氏的部队攻入了洛阳城，将孝庄帝抓到晋阳杀掉，给尔朱荣陪葬。

尔朱荣家族一时权势熏天，直到三年后，尔朱荣手下的一名大将高欢不满尔朱氏，起兵消灭了尔朱氏，才终结了尔朱家族。

> **知识链接**
>
> **斩杀权臣的孝庄帝**
>
> 孝庄帝是北魏第十位皇帝。他年轻时曾是孝明帝元诩的伴读，与孝明帝十分友爱。孝明帝驾崩后，尔朱荣率兵攻打京师，立元子攸为皇帝，改元建义。不久，尔朱荣发动河阴之变，讨平葛荣、元颢叛乱。
>
> 永安三年，孝庄帝设计斩杀尔朱荣。后来尔朱兆攻破洛阳，掳走孝庄帝，并在晋阳三级佛寺将其勒死。

宇文泰与八柱国

尔朱荣死后，他的部下高欢趁机控制了六镇的指挥权。北魏孝武帝因此十分不满，他和高欢开始有嫌隙。当时的北魏朝堂上，能够与高欢抗衡的只有关西大行台贺拔岳。孝武帝和高欢两人发生冲突后，贺拔岳派出了历史上赫赫有名的亲信宇文泰，前往探听晋阳城的动态。

宇文泰，字黑獭，他出身于鲜卑的宇文部。在六镇起义中，宇文泰跟他的父兄加入了鲜于修礼、葛荣的反抗阵营，因颇有战功，他还成了一个小头领。后来，他的父兄战死沙场，只留一个哥哥与他相依为命，在经历了这一系列变故后，宇文泰开始变得坚强隐忍。

葛荣战败后，尔朱荣担心宇文兄弟会有异心，因此妄加罪名,处死了他的哥哥,而宇文泰则心态沉稳,能言善道,为自己开脱,巧言之下,尔朱荣暂时放过了他。而恰好尔朱荣手下的一名大将贺拔岳与宇文泰是同乡,于是他安排宇文泰到了贺拔岳部下。

宇文泰接到贺拔岳的命令后,到达晋阳,他能言善辩,与高欢侃侃而谈,应对自如。完成使命后,他回到长安,向贺拔岳分析道:"据我观察,高欢为人有野心,他不会甘心只做臣子,必有反意,我们需要早做准备。"因此,他建议贺

在古代,当权者拥有生杀予夺的权力,当他感到自己的权力受到威胁时,就会设法除掉对方

拔岳好好经营关中，以准备与高欢一争高下，贺拔岳听了他的话，又派他到洛阳私下去见北魏孝武帝。此时，北魏走向分裂的种子已经埋下了。

永熙三年(534年)春，贺拔岳想要与侯莫陈悦一同讨伐曹泥，当时正在夏州的宇文泰听到此事后，表示强烈反对，他告诉贺拔岳曹泥并不重要，不会影响局势，反而侯莫陈悦为人贪婪又不讲信用，更加要提防，早点除掉。但是这一次贺拔岳却没有听取宇文泰的意见，并没有把他的话放在心上。果然，侯莫陈悦实际上早就投靠了高欢，后来贺拔岳被杀。

贺拔岳死后，他的部下们无人带领，陷入了混乱，他们为了不被其他的势力蚕食，保住自己的立足之地，便纷纷推举宇文泰成为新的领导。

对于宇文泰来说，这是命运的恩赐，此时，他不过二十七八的年纪，就已经有了自己的团队，当时的他不会想到，他所带领的团队还决定了今后二百多年的政治格局。

当然，宇文泰也并非诸事都一帆风顺，在他得知自己的上司被杀后，就立即动身赶往平凉。与此同时，高欢也让自己的部下侯景以安抚的名头，前去收编贺拔岳的军队。宇文泰和侯景两个熟人在路上相遇，宇文泰明白侯景此行的目的，于是他大声道："贺拔岳虽然已经死了，但我宇文泰还在，如今你来这里是要干吗呢？"在宇文泰的质问下，侯景只好唯唯诺诺地说："来这里不是我的意思，我只是一支箭，是射箭的人将我射到这里来。"语毕，

> **知识链接**
>
> **一代枭雄宇文泰**
>
> 宇文泰是南北朝时期西魏杰出的军事家、改革家、统帅，是西魏的实际掌权者，亦是北周政权的奠基者。

▼ 青釉褐斑四系壶

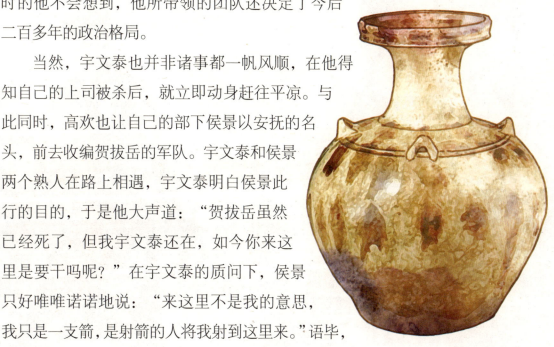

侯景不再前进，带人原路返回洛阳了。

宇文泰抵达平凉后，首先整编了贺拔岳的部众，以此为自己接下来的发展做资本，之后带兵剿灭了侯莫陈悦部，替自己的老上司报了仇。短短的时间内，宇文泰已经横扫关中，他继续进军长安。夏州长史于谨见状，向宇文泰进言，让他可以学习曹操，也用一个挟天子以令诸侯的妙计。

公元534年，高欢逼宫洛阳，孝武帝闻讯从洛阳率轻骑入关，宇文泰得到消息后，就派兵接皇帝到长安。之后，高欢在洛阳立元善见为帝，后又迁都到邺城。

宇文泰接孝武帝到自己的地盘后不久，就宣布孝武帝暴病而亡，有人私下议论说是宇文泰和皇帝有不合，宇文泰为了夺权，就借机给皇帝喝

华盖是指帝王专用的伞形顶盖。相传黄帝与蚩尤大战时，常能看到有五色云气、金枝玉叶笼罩在黄帝的上方，就像花朵一样，华盖由此而来

了毒酒。孝武帝病逝后，宇文泰又立南阳王元宝炬为文帝，称西魏。

北魏由此分为东、西两魏。

此后，在东、西魏并列而立的时期里，宇文泰集团和高欢集团为夺权，连年开战，百姓深陷连年战火之中。宇文泰和高欢双方却不顾民生，都准备以战争的方式吞并对方。

公元536年，高欢亲率一万多名骑兵，趁西魏不注意，突袭夏州（今天的内蒙古乌审旗南），抓走了西魏夏州的刺史斛拔俄弥突。数月后，西魏的令州刺史曹泥、凉州刺史刘丰叛逃，高欢派大军接应他们。如此一来，高欢接连胜了宇文泰两回，掠夺了西魏一万多户的百姓，这两次胜利使高欢气焰高涨，两魏之间大战在即。不久后，高欢和宇文泰两个集团接连发生了五次大规模战斗。

第一战是小关之战。公元536年，关中遇大旱，粮食无收。高欢看到他的老对手宇文泰陷入窘境，喜不自禁，趁机三路齐下，自己亲领大军直扑蒲坂，同时派出大将窦泰带领右路军攻打潼关，又派高昂带领左路军攻打蓝田。第二年，高欢派人在黄河之上建了三座浮桥，做出自己迫切想要抢渡黄河的样子。宇文泰身经百战，并没有上高欢的当，而是一眼就看穿高欢在玩声东击西的把戏，也积极布阵。此战，窦泰兵败后自杀，高欢失去了一个得力助手，无奈之下不战而退。就这样，两魏之间的第一次交战，西魏取得胜利。

第二战是沙苑之战。537年，高欢率领大军渡过

▼ 青瓷虎子

▲ 南北朝白玉透雕螭虎纹鸡心佩

黄河和洛水，企图攻打长安。宇文泰得到消息后，率领少量将士在沙苑和高欢大军决一死战。起初，高欢仗着自己人多，就直扑沙苑，没想到芦苇丛里宇文泰早就做好了埋伏，伏兵出来，打了高欢一个措手不及，仓皇而逃。这一战，高欢集团损失了精锐士卒八万人，丢弃盔甲达十八万套，可以说是惨败，西魏成了高欢的心腹大患。

第三战是河桥之战。公元538年，东魏的侯景和高昂在金墉城会师，命士兵将洛阳牢牢围住。接连取得两次胜利的宇文泰毫不慌张，带着西魏文帝，一路浩浩荡荡抵达洛阳。双方大战当天，天气不好，浓雾弥漫，士兵们从早上一直打到

战场上骑兵拥有更强的作战能力，军队的军官更是配备优质的马匹

傍晚，但因为大雾，根本看不清人，西魏的独孤信和赵贵战斗失利，他们以为自己已经打了败仗，于是连忙溃逃，士兵们看到了，就跟着一起跑。宇文泰看到自己的士兵们阵势已乱，只能趁乱火烧营寨，然后带皇帝一起撤回长安。这一战，由于天气影响，双方难分胜负，勉强算打了个平手。但高欢在这一战中又痛失了大将高昂，算是损失巨大。

第四战是邙山之战。第三次战后第五年（543年），高欢集团和宇文泰集团再次开战，这一次高欢率先过黄河，带领部队占领了邙山，抢占了先机，起初双方作战互有胜负，宇文泰想要趁夜登邙山偷袭高欢，但没想到碰到了东魏大将彭乐的攻击，一时阵脚大乱。第二天，宇文泰整军队伍迎战，士兵士气高涨，宇文泰所率中军取得大胜，差一点就俘虏了高欢，但因为右军失利，因此宇文泰只能暂时放弃，退回关中。

▲ 窦泰墓志

第五战是玉璧之战。公元546年，高欢想要吞下西魏的玉璧城。这一次，高欢没有碰到宇文泰，和他作战的是西魏新将领韦孝宽，但高欢并没有取得胜利。他用尽办法，花了50多天的时间也没有攻下一个小小的玉璧，反而战死、病死了七万多名士卒，损失惨重，这一战中，高欢因为心力交瘁病倒。为稳定军心，高欢会见了幕僚，让斛律金唱起《敕勒歌》，

知识链接

彭乐捡拾金带

在邙山之战中,西魏全线后撤,高欢令彭乐火速追击。宇文泰仓皇逃跑,在马上朝彭乐喊:"别傻了,今天我若被杀,明天你就鸟尽弓藏,还能活命吗?你为何不到我营中拣些财宝?"彭乐果然不追了,到宇文泰营中找到一捆金带。

回来后,高欢质问他为何没有杀死宇文泰,彭乐据实以报,并强调:"我不是因为听了宇文泰的话而放走他的。"

此时,高欢虽然还沉浸在胜仗的喜悦中,但对彭乐的胆大妄为仍然震怒,令他跪在跟前,按着他的头使劲往地上撞。高欢多次举刀,想斩了彭乐,但最终没砍下去。

自己则领头唱和,以鼓舞军心。他带领军队无功而返后不久就病死了,他的长子高澄上位,继续执掌东魏的大权。

接连征战多年,东西两魏终于可以休养生息了。而西魏原本在东魏、西魏、南梁三国中最弱,现在慢慢成了最强国,宇文泰有了问鼎天下的资本!

宇文泰管理关中地区初期时,他所领导的军队构成复杂,里面有原本就属于自己领导的武川镇人,也有关陇河东世族,为了将这两方力量整合起来,便于统治,公元550年,宇文泰建立了府兵制。府兵制中设有八个柱国大将军:分别是宇文泰、元欣、李弼、李虎、独孤信、赵贵、于谨和侯莫陈崇。其中,宇文泰权力最大,有总督中外诸军事之权,元欣因是西魏宗室,因此也有一个挂名,但实际上兵权被其余六个大将军把持。这六人中,有些是后来的新的政治势力,其中,李虎是唐高宗李渊的祖父,李弼是瓦岗军首领李密的曾祖父,独孤信是隋文帝

杨坚的岳父、李渊的外祖父。他们此时的丰功伟绩，为他们的子孙们打下了坚实的基础。

但英雄也敌不过天命，公元556年，宇文泰于北巡南还途中在云阳病逝。他去世后，由他所制定的兵制、选官法都保留了下来，直到隋唐时期还一直沿用。此外，宇文泰生前还开创了一个全新的统治阶层，即关陇集团，它取代了魏晋以来的门阀士族，并且影响了日后两百年中国的政治格局。

> **知识链接**
>
> **韦孝宽**
>
> 韦孝宽是北魏、西魏、北周著名的军事家。他戎马一生，战绩卓著，曾官拜大司空、上柱国。

荒唐的北齐皇帝

高欢返回晋阳后，病入膏肓，奄奄一息之际，他将儿子高澄叫来，对他说："侯景专制河南十四年以来，为人做事飞扬跋扈，他这样的人不是你可以驾驭得了的。现在四方未定，局势不稳，我死后你一定不要急着发丧，我留给你的这些老臣，他们忠诚可靠，不会有二心，你一定要以礼相待，好好加以利用。"公元547年，高欢病逝。

高欢死后，原本高澄要接替他的权力，甚至是要成为皇帝的人，但却出了让人意料之外的变故，这问题主要出在高澄为人的嚣张跋扈上。

高澄与高欢不同，他根本不把自己老爹手下的老臣们放在眼里。高欢手下有四个重臣，分别是孙腾、司马子如、高岳和高隆之，前两人在高欢年轻

▲ 南朝黄釉三足带盘洗

时就追随于他，可以说是死党，后两人则是高欢的同族亲戚。由于权高，朝中并称他们四人为"四贵"。他们四人在朝中可以说是一手遮天，经常以权敛财，贪赃枉法。高澄私心里一直很讨厌这些人，因为他作为高欢的继承人，觉得自己平时横行霸道可以，但看不得别人也跟自己一样作威作福。高欢晚年常住在晋阳，把朝廷之事交给高澄处理，高澄得权后先拿孙腾出气。有一次，孙腾去见高澄，他仗着自己年龄大，便倚老卖老，对高澄态度不怎么好，高澄看到后，就命随从把孙老头从小马扎上揪下来，然后用刀柄上的环猛敲孙的脑袋，还把他推到大门罚站。这件事传出去后，高欢没有教训自己的儿子，而是跟大臣们说："我的儿子长大了，他脾气不好，还请各位平日里尽量躲着他点儿。"

高澄不仅平日里排挤那些旧臣宗室，甚至还欺负到了皇帝头上。高澄掌权后，就把自己的亲信——中兵参军崔季舒安排在孝静帝的身边，他经常和崔季舒通书信，明目张胆地把孝静帝叫做痴人，经常写信问："痴人近日怎么样了？他是不是还是呆呆傻傻的样子，没有变化？"

而事实上，孝静帝这时已经长大成人，他写得一手好诗文，长相仪表堂堂，甚至连骑马射箭也无一不精，凡是见过他的人都说他很有他的曾祖父魏孝文帝的遗风。高澄如此自大，自然无法容忍自己身边有如此出众的年轻人，且这个人还是个傀儡皇帝。因此，两人之间的矛盾与日俱增。

有一回，孝静帝与高澄一同在邺城东郊打猎，

知识链接

高澄

高欢去世后，高澄大力改革官员的选举制度，严厉惩治贪贿，吏治为之一清，很快就确立了自己的权威。

他对高氏地位的巩固做出很大贡献，为东魏、北齐政权的过渡打好了基础。

傀儡皇帝孝静帝

东魏的政权被高欢、高澄父子控制，魏孝静帝毫无实权。

他与末代皇帝汉献帝刘协、魏元帝曹奂等一样，是一位傀儡皇帝。

分裂与统一 | 荒唐的北齐皇帝

两人有了点摩擦,高澄就借机大骂孝静帝,还叫崔季舒"咣咣咣"痛打了孝静帝三拳,孝静帝当时鼻青脸肿,但又碍于高澄的权势,不敢发怒。高澄见此情景,得意至极,甩袖扬长而去。孝静帝忍受不了,决定要逃出宫去,但计划败露了。

在古代,马是代步工具,能够征服烈马的人,往往更受别人尊重

古代交战双方都会竖立自己的旗帜,如果砍掉了对方的旗帜,就能动摇敌方的军心,迅速打败敌人

高澄带着士兵进宫，气势汹汹地问："陛下您这是什么意思，难道想要谋反吗？我们父子都是朝廷社稷的功臣，哪里对不住陛下你呢？"于是，他把孝静帝囚禁在宫中。不久后，他觉得自己的地位已经稳固了，因此就让人开始筹备禅让的事，准备自己当皇帝。但所谓多行不义必自毙，在准备谋反的前夕，嚣张跋扈一世的高澄，被一名厨子砍死在了房中。

高澄死后，高欢的二儿子高洋登上了权力的舞台。高洋由于相貌不佳，经常被兄弟们嘲笑，高欢也因此不喜欢这个儿子。高洋虽然长相不好看，却小小年纪就很有见识，无论高欢问他什么，他的回答总能一针见血。传闻有一次，高欢想试试几个儿子的智力和动手能力，让人给他们每个人都发了一团乱麻，让他们比试看谁能最快理清头绪。几个小孩子们都手忙脚乱，拿着线团看来看去，理不出头绪，不知怎么下手。只有高洋，抽出了自己腰中的宝刀，斩断麻团，很快就把麻整好了。这正是"快刀斩乱麻"的来历。高欢当时十分开心地说："这个儿子比我聪明啊！"

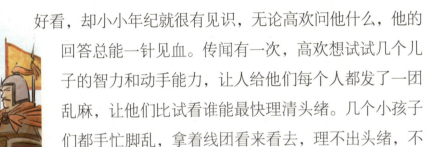

之前，高洋一直在父亲高欢手下做事。等到高澄死后，高洋挺身而出，接管大权。他雷厉风行，一面亲自指挥卫队搜捕刺客，一面又打理朝政，因为高澄之死而混乱的政局很快就得到了控制。公元550年，孝静帝将自己的皇位禅让给了高洋，高洋即位后，改国号为齐，史称北齐。

与高欢一样，高洋也很会打仗，他曾经亲自带兵，与西魏、契丹、柔然等强敌都有过战斗。高洋成为皇帝的消息传到长安后，西魏的宇文泰就亲率大军东进。与高洋狭路相逢，宇文泰看到高洋的士兵刀枪林立，军纪严明，觉得自己的力量难以与之抗衡，不由叹息：

知识链接

爱戴面具的兰陵王

兰陵王高长恭相貌英俊，打仗时敌人都不怕他，因此他戴上凶恶的头盔，令敌人心惊胆战。

他担任将领时，不辞劳苦处理琐细小事，得到奖赏或美食时，就算只有一个瓜或几个果子，也要和将士共同分享。

▼ 北齐砖砚

"高欢并没有死啊！"然后下令军队撤回，之后他再不敢轻易东进。

之后，高洋亲率大军北伐契丹，他露头袒身，英勇无敌，昼夜不停，徒步翻山越岭，一路行军千余里，大破契丹。最后，他到达了秦始皇和曹操都曾登过的碣石山，远望沧海。后来，高洋还北击库莫奚、西北破柔然、西平山胡（属匈奴族），南取淮南，将北齐的势力一直拓展到了长江边，北齐国力达到鼎盛时期。农业、盐铁业、制瓷业相当发达，成为陈、北周的三国中最富庶的国家。

但这样的日子并没有持续太久，高洋登基六七年后，他开始变得肆意妄为。由于精力旺盛，他在皇宫里几乎一刻也待不住，经常四处游玩，发起疯来还会给自己涂脂抹粉、披头散发，甚至扮作女人手持刀枪和弓箭闯入集市。他还喜欢坦露胸襟，常常骑着没有鞍子和缰绳的象、骆驼和牛到处跑。此外，他还有两个不良爱好：一是嗜酒，整日里喝得大醉，酒醉后变得六亲不认；二是嗜血，他常在喝酒后打人杀人。他曾经跑到已过世的仆射崔暹家里，问他的妻子："你想念你丈夫吗？"崔氏回答想，高洋就一刀杀死崔氏，说："我送你去见他吧。"还把她的头割下来扔到墙外。

高洋有一个辅政大臣，名叫杨愔，但由于杨愔肥胖，因此高洋并不喜欢他。有一次，高洋用马鞭狠狠抽打杨愔，打得他鲜血浸透了衣服，还用刀划伤他的肚子，导致杨悚差点被杀死。被高洋杀掉的其他臣子、侍卫、妃嫔难计其数。高洋甚至命人在宫里放了一口大锅，杀人之后，他就将尸体肢解，或者投入火堆，或者丢到锅里，或者抛进河里，比历史上的暴君商纣王还要残酷暴虐。

公元559年，淫乱残暴的高洋终于死了，谥号"文宣"。但直到武成帝高湛时，还有大臣祖珽上奏对高湛说："文宣帝杀过那么多人，他怎么能被称'文'呢？"这说明当时大多数人对高洋的暴行不满。

公元565年，腐朽的北齐政权逐渐走向末路，这时北齐后主高纬在位，据说他相貌极佳，但却为人喜怒无常，极度荒淫残暴，是个彻头彻尾的昏君。他在位期间，诛杀了名将斛律光，还逼死了兰陵王高长恭。北齐失去了众多能臣，因此也再难抵抗北周，后北周攻打北齐，齐军大败。高纬被北周俘虏，成了亡国之君。公元577年，北齐灭亡。

知识链接

性情懦弱的高纬

高纬天生言语迟钝，怕人笑话，很少与朝廷官员见面。除了特别亲近的侍从，高纬从不轻易与人交谈。

他的性情懦弱，只要别人多看几眼，他就会发怒。大臣向他奏事，无论多大的官，都不准抬头看他，只能大致述说一下，接着就赶忙告退。

国家遭到旱灾、贼寇、洪水等天灾人祸时，高纬不是想办法救济，而是在宫中斋戒，认为这是在修德。

宇文觉

宇文觉是北周第一位皇帝，没有实权，是被权臣宇文护拥立的傀儡。称帝不久，宇文觉被宇文护杀害，年仅十五岁。

早逝的北周武帝

宇文泰死前，心念自己的儿子，为了给后代铺路，他效仿古人临终托孤的做法，将三儿子宇文觉交由宇文护看管，让宇文护做自己儿子的监护人及师傅，帮儿子打理国家大政。

论辈分，宇文护是宇文泰的侄子，宇文觉的堂兄，他们是亲戚关系。宇文护跟随自己的叔叔宇文泰四处征伐，也有了一定的名气。他想到自己叔叔死前既然将弟弟放心地交给自己，就不能辜负老人家的期望，因此在当时，朝廷上的人们把宇文护与宇文觉看作是一对好师徒、好搭档。然而，尽管他们两人掌控了朝政大权，但实际上却是在为皇帝打工，如果想自己单干，就要除掉他们最大的障碍——西魏恭帝。

只有逼迫西魏恭帝让位，才能一劳永逸。而西魏恭帝没有才能，又胆小怕事，只是个纸老虎罢了，他经不住吓，想要拉他下台可以说是轻而易举的事。

因此，在宇文泰死后一周年，宇文护就决定要和恭帝进行谈判，他手拿大刀，先看恭帝是否识相，配合自己的行动让位，如果他执意不肯，那就推他下台。恭帝自然知道宇文护的用意，他审时度势，把自己的最高职位让给了宇文觉，改国号为周。第二天，宇文觉称帝，改名为周闵帝，因为宇文护功劳最大，所以他顺理成章地成了北周的大司马，被封为晋国公。

这之后，宇文护认为是自己让前皇帝退位的，江山是自己打下的，朝政大权现在也归自己总揽，那为什么要把皇位拱手给一个什么都不做的宇文觉呢。既然这样，反正已经杀一个皇帝了，名声已经不好了，也不介意再多一个，于是他杀了自己的堂弟。尽管他杀了皇帝，但他自己却不能直接做皇帝，因此他决定挑出一个可以被自己掌控的人做皇帝，并自封为大冢宰（宰相），这样虽然退

> **知识链接**
>
> **西魏恭帝**
>
> 恭帝汉名元廓，是魏文昭帝元宝炬第四子。魏恭帝是西魏最后一任皇帝。
>
> 魏恭帝三年（556年），权臣宇文护废掉魏恭帝，另立宇文觉为帝，建立了北周政权，西魏灭亡。魏恭帝先被封为宋公，后被杀害。

分裂与统一 | 早逝的北周武帝

居二线，不直接出面，但权力仍在自己手中，于是他选择推宇文泰的长子宇文毓做皇帝，即周明帝。但宇文毓并不像宇文护想象中的那般无能，便于控制。常言道虎父无犬子，宇文泰的儿子基本上个个都是精英，当时年仅20多岁的宇文毓极有天赋，是做好皇帝的好玉。这下，宇文护又开始后悔自己的决定，他再次看走眼了，深思熟虑之后，他决心除掉宇文毓，于是派人将宇文毓毒

在古代，年幼的皇帝和辅政大臣是政治上的矛盾体。辅政大臣多是老皇帝信任的人，资历才干没有任何问题，他们在老皇帝的权威下兢兢业业，谨小慎微，但老皇帝死后，辅政大臣尝到权力的滋味后，很容易有别的"想法"

死了。

宇文毓死后，宇文护又选择了宇文泰的四子宇文邕即位。选择他的原因有两个。一是自己的叔叔遗言要好好辅佐自己的堂弟，所以选择的皇帝必须是自己的堂弟，不能是外姓人，也多亏宇文泰子嗣多，不然恐怕都不够宇文护杀。二是宇文邕为人沉默寡言，平日里没有突出的亮点，最重要的是他还只有十几岁，并不成熟，所以宇文护挑来挑去，觉得他是最佳人选。但他还是大意了，他忘记了越是不会叫的狗才越会咬人，宇文邕并不是他以为的一无是处，易于掌控，相反，他的沉默寡言只是伪装自己的隐身衣，正是他表现出来的这些"不足"让宇文护不再提防，这样他才能为自己死去的兄弟报仇。

公元572年，在隐忍了12年之后，周武帝宇文邕觉得机会来了，决定动手。一次，周武帝让宇文护为太后诵读《酒诰》。宇文护谅宇文邕不敢对自己动手，也没有设防，就在他读得十分投入的时候，周武帝趁他不备，从他的身后使足力气拿重物朝他头上猛敲，宇文护当时就跌倒在地，周武帝接着又狠狠补了一刀。

宇文护终于被除，周武帝宇文邕从此成为一位真正的皇帝，不再受人摆布，他从此开始建功立业。几年后，他亲自率领大军干掉北齐，大胜后统一了北方大地，为后来隋朝的统一奠定了基础。

北周武帝彻底站稳脚跟后，进一步施展雄才大

▲ 宇文邕

知识链接

权臣宇文护

宇文护是北周文帝宇文泰之侄，是北周的权臣。宇文泰死后，宇文护长期执掌西魏、北周的大权，采取了得力措施，有利于宇文家族势力的稳固和北周政权的过渡。

略，他进行了一系列改革。

● 释放奴婢

魏晋南北朝时期，富家贵族都可以购买奴婢进行生产。奴婢就是主人的私有财产，主人可以像牲口一样贩卖奴婢，甚至也掌握了奴婢的生杀大权。通常，杂户，也称隶户，是分配给官员和贵族干活的长工，但即使他们是个体户，他们做的工作仍然是被吃皇粮的贵族瞧不起的。这些人一般都是些罪犯或俘虏，他们一旦成为这种身份，就一辈子都不能摆脱。当时，北周的一些大儒，因受儒家思想的熏陶，认为这种制度是非常不仁道的，不是文明的国家应有的制度，因此决定要解放他们。公元554年，西魏攻占肖梁的江陵后，将那里的十余万人口全部据为己有，这些人口大部分都成了奴婢，其中一部分奴婢都被分配给了有功的将士。但幸运的是，第二年国家就宣布江陵十余万奴婢改为良人，并且这项政策逐渐普及开来，有越来越多的战俘和奴婢也得以幸免。周武帝平齐后，皇帝继承了先辈的优良传统，大规模解放奴婢和杂户，这些人终于迎来了翻身之日。

这一次的赦免普及面最广，普及程度可谓史无前例。周武帝大规模释放奴婢和杂户，其目的有二，一是可以体现北周朝廷关心百姓、体恤百姓的仁者之心，以此拉拢并稳固人心；二是进行制度改革，受儒家"仁"思想影响，一朝为奴就要终身为奴的制度存在巨大缺陷，应该予以改革。这一次赦免过后，北周朝廷赢得了广大群众的爱戴和支持，也结

> **知识链接**
>
> **什么是杂户**
>
> 鲜卑拓跋部在统一北方的过程中，常常将俘虏列为官府役使的特殊户口，譬如工匠、乐人、屯、牧等杂役人员，因为种类太多，所以被称为百杂之户，简称杂户。杂户的名籍世代传递，很难翻身。
>
> 北魏不仅将俘虏分给官府充当杂役，还将囚犯充当杂户。因为俘虏和囚犯同样被轻贱，都具有奴隶性。
>
> 据北朝史籍记载，当时常常将杂户赏赐给部下。

束了残酷的奴隶制统治，北周更好地实行了当时的封建制。

● 颁行"刑书要制"

北齐末年，朝廷官员腐败，官府不再主持正义，而成了贪官捞油水的地方，许多豪门大族富得流油，是损害国家利益、抹黑国家形象的"黑分子"。鉴于这种情况十分严重，周武帝认为再不严惩严管这些官吏，往后肯定有人在背后大骂自己，于是他下令施行"刑书要制"。其中一条重要的规定是：若今后有官敢监守自盗，或者有豪门敢谎报当地的户口或土地，那就要一律以死谢罪。

这一法令颁布之后，很多北齐豪强势力明白这项规定就是针对自己的，因此不再敢像以往一般胡作非为，也都不敢触碰红线了。法令一出，朝廷也受到了广大百姓的支持拥护。

● 北周灭北齐

一系列改革之外，北周武帝还进行了对外扩张，最终消灭北齐。

北周跟北齐之间常年征战，但双方打了许多年还是难以分出胜负。尽管在周武帝的带领下，北周发展得越来越好，但北周的将军与北齐相比，却不在一个水平线上。关于这一点，韦孝宽——北周的大将军心知肚明。

韦孝宽颇有作战头脑，曾经打了很多胜仗，在北周，有很多人敬佩他，走哪儿都有粉丝追捧他。但是，他有一个劲敌——北齐大将斛律光，只要碰上北齐的斛律光，他就成了常败将军。

> **知识链接**
>
> **小皇帝高恒**
>
> 在中国的所有皇帝中，皇帝高恒在位时间仅仅一个月，是个可悲的皇帝，死后连陵墓都没有。
>
> 高恒的父亲高纬自图享乐，年纪轻轻就传位于高恒，坐上了太上皇。北周抓到高纬时，先封他为"温公"，后来和高恒一起被处死，北齐自此灭亡。

分裂与统一 | 早逝的北周武帝

北齐的斛律光智勇双全,是个难得的将才,其军事谋略远超韦将军。因此,北周无论如何都吃不到北齐这块肥肉。

对此,韦孝宽甚至怀疑人生,抱怨命运不公。他明白,如果再这样硬碰硬地和北齐打下去,就永远没有取胜的机会,虽然光明正大地作战才是君子的作风,但眼下为了胜利的结果,自己只能做一回小人。

韦孝宽听说北齐后主高纬与斛律光不在一个阵营里,双方时有不合,于是韦孝宽就想到要从这一点下手。韦孝宽和周武帝想出了一个计谋,让人创作了一首歌:"百升飞上天,明月照长安。"歌词里的"明月"指的就是斛律光,歌词大概的意思是说,斛律光不满屈居北齐皇帝之下,密谋想要篡位夺取天下。

这首歌很快就被百姓们传唱开来,越传越远,很快就传到了北齐高官的耳朵里。原本高纬身边就有奸臣看斛律光不顺眼,想要除掉他,这时听到这首歌,就想借机搞事情。于是,他们趁机对高纬进谗言,说斛律光有谋反的野心。结果,高纬轻易地就听信了"傻子"才会相信的鬼话,公元572年,害死了斛律光。消息传到北周,周武帝狂笑不止说:"我现在就下令,让百姓们提前庆祝我们攻打北齐胜利。"

很快,北周的军队整装待发,然后一路高歌,直驱而入北齐境内,高纬吓破了胆,为了保住自己的性命,他竟急忙宣布禅位,让他的儿子登基处理烂摊子,他的儿子高恒即位才不足一个月,京师就

知识链接

斛律光满门贵戚

斛律光是北齐的重臣,他真是满门贵戚。他的次女被封为皇后,长女当了太子妃,子弟都封侯封将,娶了北齐的三位公主。他的弟弟斛律羡担任幽州刺史,在边境养马练兵,兴修水利,劝人农耕,威震突厥。

正因为如此,斛律光非常担忧,怕子弟祸患。他的家风很严,杜绝贿赂,不收宾客,也不评论朝政。

但是,北齐后主高纬昏庸无能,他任用小人,朝政腐败。斛律光十分反感这些人,骂道:"目人用权,国必破矣!"这导致了他被诬陷杀害。

沦陷了,高纬、高恒在逃跑的路上被捉获,做了俘虏,北齐就此灭亡。不久,父子俩被宇文邕杀害。

北齐的国力一直强于北周,反被北周灭亡,主要是因为高湛荒淫残暴,他埋下了北齐灭亡的祸根。齐后主高纬昏庸无能,听信谗言杀死名将斛律光和兰陵王,自毁长城,大敌当前之际,竟怕死保命,禅位给年仅8岁的儿子。北周国力、军

骑上骏马,挥舞大刀,在战场上冲锋陷阵,斩首敌将,是古代将士的梦想

力虽弱于北齐，但北周的几位皇帝比较有能力，进行了一系列改革，使国力得到很大提升，使胜负的天平倾向自己一方。

公元578年，周武帝英年早逝，没能完成统一全国的大业，但为隋统一中国打下了基础。

灭佛事件

佛教是两汉时期传入我国的，之后慢慢发展，逐渐在社会中产生一定影响。魏晋南北朝时期，佛教中国化的程度逐渐加深，受到了统治阶级的重视。因此，佛教与儒家文化开始出现矛盾冲突。

其中有几次比较大的冲突事件，分别是东晋的沙门不敬王之争、刘宋时的白黑之争、齐梁之际的神灭论之争和三教之争，这几次事件都涉及佛教出身和身份的问题。南北朝时期，也发生了中国历史上著名的两次灭佛事件。

○ 北魏太武帝灭佛

中国佛教史上有两次著名的流血事件，均发生在北朝，带头灭佛者是北魏太武帝拓跋焘，他指挥的灭佛运动中最残暴的一次，让佛教差点就此夭折。

北魏太武帝统治时期，虽然国家实力可以算是数一数二，但树大招风，与各个国家之间战事频繁，

知识链接

沙门不敬王之争

佛教在中国发展很快，但是它的思想和儒家伦理产生了较大的冲突。佛教的教义规定，佛教徒只跪拜佛祖，不向包括父母在内的任何世俗之人跪拜，这是与中国传统文化相悖的。佛教与王权、封建礼教的冲突越来越大，终于在晋代爆发了沙门不敬王之争。

东晋安帝期间，权臣桓玄总揽朝政。在他看来，君权理应至高无上，沙门弟子竟敢对君王免行跪拜礼，这是对君王的大不敬。元兴二年（403年），桓玄颁布政令，命令沙门弟子必须跪拜王者。针对这条政令，佛门高僧慧远写了《答桓太尉书》《沙门不敬王者论》。

最终桓玄听从了高僧的劝说，撤回了政令，不再强制沙门向皇帝下跪。

▲ 崔浩

崔浩是北魏著名的政治家和军事谋略家,深得道武帝、明元帝和太武帝的器重。他多次谋划统一战争,参与了北魏三代帝王重大的军事决策,屡献奇策,长于谋略,功勋卓著,为统一北方的战争做出很多贡献。

但是,崔浩过人的才干引起了北方贵族及同僚的妒忌,他们以崔浩修史宣扬"国恶"为名,将他杀害。

因此也需要源源不断的壮丁,偏偏当时的僧人享有免服兵役的特权,于是许多平民为了不上战场,就钻空子成为佛教信徒,能不去战场送命,剃发学和尚又有什么。只是这样一来,北魏的兵源严重缩水,朝廷常年抓不到壮丁,官员贵族很是苦恼。规矩是人定的,北魏太武帝决定改变规则,他在公元438年下诏,令50岁以下的僧侣全部还俗,以此解决兵源不足的问题。

这个诏令就是灭佛的开端。公元444年,北魏太武帝亲自担任破除佛教迷信委员会的组长,他下令要驱赶民间蛊惑人心的僧侣,让百姓相信政府。公元446年,在重要官员崔浩的支持下,北魏太武帝发出了灭佛诏——要全国范围内毁佛像烧佛经,还成立拆迁小分队捣毁寺院,并且活埋敢于反抗的僧侣。有意思的是,当时魏太武帝的儿子也是一名佛教信徒,他苦苦劝说老爸不要这样做,这样会得罪佛祖,并私下里拖延诏书的颁布,协助部分僧人逃命。但胳膊最终拧不过大腿,魏太武帝的诏书一颁布,太子也没了办法。这里,还有一个更深层次的原因,太武帝灭佛也是看不过去太子信佛,认为上梁不正下梁歪,如果自己连太子都管不好,那又如何管理百姓呢。

两年后,似乎灭佛真的遭到了惩罚,之前极力鼓吹要灭佛的人都走上了悲惨的道路,大臣崔浩因为当初灭佛,得罪了许多人,最后武帝问罪于他时,竟没有一人帮助他,不仅被杀头,还累及族人,极

分裂与统一 | 灭佛事件

其可悲。最后，太武帝也被宦官杀死。

公元452年文成帝继位，他认为自己的祖父是因为得罪佛祖才有如此下场，本着替祖父赎罪的心意，他再次兴起佛法，今天的云冈石窟就是文成帝为祖父建

中国的寺庙不论规模、地点，其建筑布局大多是平面方形，对称稳重而又庄重严肃

造的。

◉ 北周武帝灭佛

实际上，太武帝是一个比较善变的人，他最初崇佛，后来中间又灭佛，但最后又有些后悔，立场一直摇摆不定，可以说优柔寡断的人做出的决定也十分轻率，简直就像没吃到羊肉还惹一身骚。与太武帝相比，北周武帝才是真正坚定灭佛的人，因而他的灭佛运动收效也比较大。

之前就有人对北周武帝说："如今佛教这般盛行，不一定是好事。我们的老祖宗没有佛教不也生活得很幸福吗？现在这么多国家因为信奉佛教而发生内乱，这正说明佛教并没有像僧侣吹得那么神。您若要做成大事，需要身边所有人都听您的话，就不能让他们有异心，要狠狠教训一下佛教，让百姓知道这国家是您做主，而不是那些和尚。"

北周武帝听后，十分赞成他的说法，他认为百姓如果相信那些神佛之说，精神食粮是有了，但谁来打仗保证我们的安全呢？如果敌人打到了我们家门口，人人都不愿意打仗，那恐怕没多久就亡国了。因此，他掌握实权后不久，就召集全国的儒、释、道代表开会，想借机灭佛教的威风。

会上，他提议要为三家排个先后顺序，说："三家之中，儒教存在的时间最长，功劳也最大，自然应该排在第一的位置；第二名嘛，道教是咱们本土的宗教，是自家亲戚，不能

> **知识链接**
>
> **佛教的教义**
>
> 佛教重视心灵和道德的觉悟。佛教信徒之所以修习佛教，是想按照佛祖所悟修行方法，发现生命的真谛，超越生死和苦，摆脱一切烦恼，得到最终解脱。

▼ 云冈石窟

亏待了，应该排第二；第三名就给佛教吧，但佛教作为一个外来户，能排在前三已经很好了，大家也不用太在意这个排名啊。"

参会的和尚们听到皇帝这么说很不乐意，表示不服："皇上，虽然咱们佛教是外来的，但这么多年早就算个混血儿了，可以说是半个中国儿，您怎么能一直用老眼光看待呢？更何况用事实说话，佛教的支持率是最高的，这第一名自然应该是佛教！"

武帝被当场驳了面子，很生气地说："我是皇上，我为你们排个名你们都敢有意见，也太不把皇权放在眼里了！你们就回去挨罚吧！"

皇帝龙颜大怒，但偏偏佛教这次派的代表也是暴脾气，他看皇帝如此对待自己，当时就不过脑地怼了回去，说："皇上，您是有皇权，但我们也有靠山。您今天以这种态度对待佛教，将来小心和先前的北魏皇帝一样，遭到佛祖报应。"

武帝听后，彻底被激怒，心想：我本来想给你们留点余地，你们竟然这么不知好歹，敢诅咒我，今天我就不信邪了，看看最后有谁敢惩罚我。于是，武帝开始了灭佛行动。他采取了和北魏一样的行动，但比之前更加彻底，直接将佛教一锅端，连老窝都不留，北周的佛教因此而元气大伤。

起初，百姓们议论纷纷，说国家扼杀了精神信仰，百姓们没有自由也没有人权。但武帝并不在意流言，他知道时间一长，流言就会自己消失，才不管你精

▲ 孔子

知识链接

道教的历史

道教是中国的本土宗教之一，以"道"作为最高信仰，它的理论依据主要来源于黄、老思想。

知识链接

谋事不密的宇文招

北周静帝时期，外戚杨坚专权，有篡位的野心，宇文招便暗中派人诛杀他。但他谋事不密，很快被杨坚得知。杨坚派人将宇文招和五个儿子同时杀害。

乱说话被杀的元胄

元胄是北周至隋朝初年大臣，西魏武陵王元雄之子。他年轻时作战勇敢，长相俊伟，凛然不可犯色。

后来杨秀获罪，元胄因为常和他来往，被免去官职。隋炀帝即位后，元胄不被任用，口出怨言，隋炀帝知道后便杀了他。

神方面有没有食粮呢，大敌当前，连物质都没有保障了，如果大家都饿着肚子，只会更加怪我管理国家不善，我才不背锅呢。果不其然，灭佛运动之后，很多僧侣被迫还俗，返回家中开始种地织布，税收和兵源增加了于是国力逐渐增大，百姓们也过上了富裕的生活，整日里不再为会不会出门打仗而烦忧，国泰民安。

实际上，北周武帝灭佛，并不是真的要消灭宗教信仰，只是因为寺院占据了大量的土地，大量的青壮年出家当僧人，不从事生产劳动，不交纳税赋，国家征集不到粮草，打仗没有兵源，威胁到了国家的统治，所以才痛下杀手灭佛的。

闯关小测试

1. 统一了北方的人是（　　）
   A．拓跋珪　　B．拓跋嗣　　C．拓跋焘

2. "河阴之变"后，掌握北魏朝政大权的是（　　）
   A．尔朱荣　　B．尔朱世隆　　C．葛荣

3. 下面三个皇帝，哪个没有被宇文护杀掉？（　　）
   A．宇文觉　　B．宇文毓　　C．宇文邕

参考答案：1. C 2. A 3. C

朝代的轮回

历史就是一个圈,你方唱罢我登场,何况是在魏晋南北朝这个动荡不安的时代,朝代更迭更是家常便饭。在历史的舞台上,能被记住的,都是大角儿。

失败的北伐

南朝宋文帝刘义隆发动了一场北伐大战,但却以失败结束。但值得一提的是,这场战争并不只是单纯的打仗,还是一场世纪"口水战",尽管刘宋王朝在战场上失利,但在口水战的较量中却扳回了一局。

这年夏天,北魏太武帝拓跋焘收到消息,说刘宋正准备北伐攻打自己。他听说后极其不屑,还故意写了一封挑衅的信激怒对方,信中写道:"我今日在宫中,听说刘老弟你要亲自挂帅来攻打我的土地,据说瞄准了中山和桑干川这两地。真是很有胆量啊!如果你真想来,我就敞开门迎接你;要是你

> **知识链接**
>
> **南朝宋**
>
> 南朝宋既是中国南朝的第一个朝代,又是南朝四个朝代中延续时间最长、疆域最辽阔、国力最强大的朝代。
>
> 南朝宋共传四世,历经九帝,存在60年。因国君姓刘,为与赵匡胤建立的宋朝区别,又称为刘宋。

▲ 刘义隆

刘义隆是刘宋王朝皇帝，在位三十年，年号为"元嘉"。

刘义隆登基为帝后，诛杀权臣，修明政治，打压豪强，减免税赋，奖掖儒学，等等。

他在位期间宋国的政治、经济、文化等发展较快，在南北朝时期属于实力最强盛的国家，被称为"元嘉之治"。

然而，刘义隆刚愎自用，还喜欢猜忌，将兄弟视为豺狼，将大臣视为仇敌，最终成了孤家寡人。

嫌弃那两块地不好，不合你的胃口，那欢迎你直接搬到我这里来……你年龄不小了，想要到处闲逛的心情我可以理解，但是我的平城可不是你家的后花园，什么时候想来就来想走就走的，这地方山高路远，估计你来了身子扛不住……"

宋文帝收到信后，并不放在心上，轻蔑地一笑而过。双方还未见面就打起了口水战，虽说拓跋焘表面上看气焰占得上风，但实际上宋文帝轻蔑一笑含义更深，这一局宋文帝胜。

口水战不过只是小打小闹的开胃菜，两国之间的真正较量，自然是靠实力说话。不久后，拓跋焘抢占先机，亲自挂帅，带领大军大举南下，由于对手实力太弱，拓跋焘一路很快就打到了彭城（今天的徐州）。

彭城是由宋文帝的五弟——太尉江夏王刘义恭，再加上三皇子——武陵王刘骏镇守的，具有重要的战略地位。此时，拓跋焘就像在玩猫抓老鼠游戏的猫一样，他并没有直接带兵攻打进去，而是在徐州打起了口水仗。他先派尚书李孝伯送见面礼给刘义恭和刘骏，并带话说："我要见刘骏，咱们不妨先谈谈心。"

刘骏第一次见到有人攻城，到城下不打反而要和他耍嘴皮子的，也很吃惊。于是，他就跟对方打起了口水战。双方你一言我一语，表面没有分出胜负，但实际上是刘骏败下阵来了。

拓跋焘看对方连口水仗都打不过自己，只能紧紧关闭城门，觉得对方太弱了，打败他们简直是

朝代的轮回 | 失败的北伐

轻而易举之事。反观刘宋守军见到这种情况，显得惊慌失措，甚至连将领刘义恭都萌生了弃城逃跑的念头。

这之后，拓跋焘虽然觉得对手太没挑战性，但是也不想让敌方太掉价，就稍稍意思了一下，结果一马平川，身处建安的高层官员大失方寸，生怕拓跋焘会把他们一锅端，都如热锅蚂蚁一般焦虑。最后拓跋焘并没有继续开战就撤回了，官员们纷纷烧高香，庆幸拓跋焘只是给刘宋一次警告，而不是真的要灭刘宋。反观拓跋焘，他逛完大半个刘宋疆土，顺便捣乱了一番之后，失去兴致，带领大军班师回朝了。

回去的路上，拓跋焘四处炫耀。在路过盱眙（洪泽湖南岸）时，拓跋焘说自己想要喝酒，派人传话让当地的守将、刘宋辅国将军臧质给自己送酒来。但臧质并非软柿子，也是个厉害角色，他正因为刘宋打了败仗而气没处儿撒，就碰上拓跋焘派人挑事让他送酒，十分气恼，心想你还好意思向我讨酒，于是让下属灌了一坛子尿，送给拓跋焘。

拓跋焘收到后，顿时气炸了，让手下的士兵将盱眙牢牢围住，传话臧质说："我派出来的士兵都不是我自己民族的人，是丁零人、胡人、氐人、羌人等外族人，他们的死活与我无关，你若有胆量就出来打，咱们比一比。"

臧质并不傻，他回信说："你的来信我已经收到，没想到你的脸皮竟然比城墙还厚，我出生以来就没见过像你这般厚颜无耻之人。你以为我们没有和你

▼ 铁蒺藜

　　这是我国古代军用的铁质尖刺状的障碍物，撒在路上，以降低敌人行军速度，战国时期已经使用。有些铁蒺藜的中心有孔，方便用绳串起来，以提高敷设和收取的速度。

▲ 齐高帝萧道成

萧道成是原是刘宋将领,他迫使刘准禅让,刘宋灭亡,南齐建立。

们对战,一直后退,是因为害怕你吗?那只不过是我们在等你的死期罢了!"

拓跋焘收到信后,觉得自己的面子丢尽了,无论如何也不能忍气吞声地走,不然自己的面子就没有了,以后如何在属下面前立威呢!于是他让人做了一张上边镶满了锋利的铁蒺藜的大铁床,恨不得马上抓住臧质,放到上面示众,让人们都知道得罪他的下场。他命令大军攻打臧质,臧质与盱眙的太守沈璞一同率兵奋死抵抗,双方都使足了力气,一连恶战数月,都损失惨重。最后拓跋焘还是没有攻破城池,由于粮草几乎耗尽,不足以支撑大军,只能悻悻离去。

元嘉北伐,以刘宋战败告终,自此之后,刘宋开始走下坡路。伴随战争发生的这三场口水仗,成了历史上的一段记忆,记录了刘宋的无奈与辛酸。这启示我们,实力决定一个国家有没有话语权,在巨大的生存压力下,只有自己强大才能够生存下去,成为王者。

 ## 疯狂的东昏侯

公元498年,齐明帝萧鸾已经病入膏肓,正有气无力地躺在榻上,他想到了先前被自己废掉的小皇帝萧昭文,心里十分忐忑。他从即位开始,就一直提防齐高帝与齐武帝的子孙,甚至诛杀他们,就是怕他们觊觎自己的宝座，但还是放心不下。在快不行的时候，他对自己的儿子萧宝卷再三嘱咐："你千万要记住我的话，做事情一定要先发制人，如果落后一步，只会被别人打。"

萧宝卷自小就没有娘亲，由宫里的其他妃子养大，这个皇位本轮不到他，只是他的哥哥是个残疾人，不能继位，所以皇位才到了他的头上。萧宝卷自小就是淘气鬼，无心学习，每天晚上都会通宵达旦地捉老鼠玩，是个不成器的家伙。他爹死后，萧宝卷不喜欢灵柩摆在太极殿里，就对下人说："你们办事要提高效率，大家都手脚麻利点，把我老爹埋了吧。"这样并不合规矩，大臣们因此据理力争，灵柩才按规矩放了一个月。

萧宝卷即位后，想到了他爹的遗言，身边又有小人怂恿，于是年仅十来岁的荒唐少年，竟然狠心将朝中的老臣们纷纷杀死或赐酒毒死，其中还包括他爹为他留下的四个顾命大臣。

老臣们被杀后，朝堂上再也没有劝谏的声音，萧宝卷这下不再有人管束，可以开心玩耍了，他除了在宫里嬉闹，喜欢让人大晚上一起唱大合唱外，还喜欢出宫玩，经常一个月里有20多天都在宫外。他下令：皇上出门的时候，闲杂人等要回避，谁要是看到皇帝了，就要被杀。有一次萧宝卷出门时，有一个和尚来不及跑走，只好硬着头皮躲在草丛里，结果还是让萧宝卷看到了，他勃然大怒："朕说过，只要朕出宫，谁都不能上街，哪里来的这个秃驴敢不把朕的话当命令！既然他敢如此，今天朕必杀一儆百！"

他身边有随行的侍从不忍心，想要阻止他："皇上您不是出宫打猎吗，何必因为他而败了兴致呢？不然先饶他一命，如果再有下次，就重重地处罚吧。"

萧宝卷听后眼睛转了转，说："没错！朕此行是为了打猎，既然他躲在草丛里，那就是猎物，不准放走他！"侍卫们无奈只得听命，萧宝卷大笑，然后拉弓射箭，把那和尚射成了一只刺猬。

萧宝卷即位不久，就有小人进谗言让他举办选美大赛，他对一位叫潘玉儿的美女一见钟情，当即封其为贵妃。潘玉儿曾经做过歌伎，她的老爸是个小商贩。萧宝卷为讨潘玉儿的欢心，就封赏了她的父亲，还称其为"阿丈"。萧宝卷还异想天开地让人将金银珠宝铺在地上，刻上莲花，再让潘玉儿在上面行走，美其名曰"步步生莲"。潘玉儿出生市井，不适应宫里生活，萧宝卷就派人在宫里为她搭了一个很大的集市，还让宫女太监们都扮成小商贩的样子，甚至连自己也卷起袖子做持刀卖肉的打扮。他让潘玉儿做管理市场的人，负责惩罚集市中不守规矩的小商贩，就连自己也不例外。如果他有做错的地方，潘玉儿甚至可以拿着棍棒打他，他也会哀叫求饶。

▼ 步步生莲

一个皇帝，如此视大臣和百姓们的性命如草芥，整日不理朝政，各种胡闹，他的两个表叔——江祏、江祀兄弟实在看不过去了，经常劝说、提醒他，让他要学会爱护百姓，不能如此任性妄为。萧宝卷听后，却不耐烦："我已经是皇帝了，天下最大，我爹都管不了我，你们两个表叔敢这么说我，真不识抬举！"

当初他老爹非常信任江祏兄弟，萧宝卷登基后，江祏还掌管皇宫内的安保工作，他管理着小皇帝，因此也对小皇帝身边的小人们打压得厉害。这些小人们不服气，就跑到萧宝卷前告状："江家的兄弟总是嫌皇上各种不好，根本原因是觉得您不够资格做皇帝，他们不服气啊。"萧宝卷听了，十分生气。

萧宝卷一直不理朝政，醉心声色，没有尽到一点皇帝的责任，他的表叔们和朝堂上的大臣们都认为他不合适继续做皇帝，就私下谋划要废掉萧宝卷，再找一个有责任心的人做皇帝。这件事被一个叫刘暄的小人知道了，他立即对萧宝卷说："不好了，皇上，江家兄弟正在合计要把您轰下台换人做皇帝，您快想办法啊。"

萧宝卷知道后又生气又害怕，他想起了老爸的临终遗言："先下手为强，后下手遭殃。"于是他立刻召集人马，说："我的表叔们要造反，我们要先下手抓住他们！"他让手下将士们冲到江家，把兄弟二人带到宫里。

萧宝卷不听江家兄弟二人的任何解释，就手起刀落把两人斩杀了。之后，他和亲信们在一起举杯庆祝，还开心地骑马在宫殿里奔驰，说道："以前

知识链接

功高震主的萧懿

萧懿是南朝梁的宗室大臣，梁武帝萧衍的胞兄。

萧懿年少时就享有盛名，成年后担任安南将军府参军，袭封临颍县侯。

永元二年（500年），萧懿因为平叛有功，授尚书令，最终因功高震主，被东昏侯杀害。

江祐不让我在宫中骑马奔跑,现在他不在了,我可以想干什么就干什么!"

公元500年,崔慧景领兵反叛,萧宝卷的军队毫无战斗力,被打得溃不成军,多亏豫州刺史萧懿及时带兵支援建康,才平息了这场叛乱。萧懿是当时为数不多的忠臣,他知道萧宝卷是个草包皇帝,但仍然忠心为他办事。而萧宝卷的亲信们却都觉得萧懿抢了他们的风头,于是对萧宝卷说:"皇上,萧懿功高震主,时间一久一定会威胁到您啊。"

萧宝卷听了之后,很怕别人会抢他的皇位,于是毫不犹豫地说:"来人!赐萧懿毒酒,赶紧把他解决了!"

萧懿万万没想到会收到毒酒,他万念俱灰,但仍衷心地提醒萧宝卷:"我弟弟萧衍在雍州势大,皇上您要多留意他啊。"

但萧宝卷并没有听进萧懿的遗言,他仍然我行我素。后来,萧衍举兵造反时,萧宝卷被手下砍了头。萧衍让人追封萧宝卷为东昏侯,一个"昏"字,恰当地概括了他的一生。

▲ 梁武帝萧衍

萧衍是南梁朝政权的建立者。萧衍在位时,前期励精图治,颇有政绩;晚年疏于治国,最终爆发"侯景之乱",致使都城陷落,自己被侯景囚禁,死在台城。

迷信佛教的梁武帝

认真算来,萧衍也是皇亲国戚,他的老爸是齐高帝萧道成的族弟。萧衍在很小的时候就表现出

朝代的轮回 | 迷信佛教的梁武帝

了才华，他文学、书法、下棋等技艺样样精通，年少时，萧衍和沈约、谢朓、范云、王融等文人都在竟陵王萧子良的身边，他们组成了一个文学群体，被称为"竟陵八友"。他们作诗尤为强调声韵和格律，魏晋时期的诗风不同，被称为"永明体"，为后来唐代格律诗的产生和发展做了铺垫。

　　萧衍著作颇丰，今天看来，他是一个全能型的人才。后来，他的兄弟萧鸾想做皇帝，就找萧衍助自己一臂之力，萧鸾若当上皇帝，萧衍就是第一大功臣。萧衍十分聪明，他懂得自保，为免引来猜忌，就解散了自己的小团体，还寻机到雍

古人将骑马玩乐视为不务正业，譬如成语"声色犬马"就是明显的例子

州做了刺史,取得了齐明帝萧鸾的信任。

几年后,萧懿被毒杀,萧衍得知消息,十分气恼,他知道自己的哥哥一向忠心耿耿,不可能反叛,但仍然被萧宝卷杀害。他认为自己如果不做些什么太说不过去。于是,他派人捞起了自己早先准备好的沉在湖底的竹木,建造了战船,顺江而下。

萧衍的大军沿江而下,一路几乎无人反抗。而萧宝卷听到萧衍反叛的消息后丝毫不着急,他放心地说:"前两次的叛乱都没成功,这说明我们对付这种事情是很有经验的,萧衍那家伙不会成事。"

就这样,萧宝卷非但没有采取措施,反而变本加厉地折腾,让匠人给自己做了套镶嵌着宝石的金银铠甲,上面还插满羽毛,就连他的马也用着银制的铠甲。日复一日,萧宝卷与侍从、亲信在大殿前演练玩耍着,一点都不担心大兵压境。很快,萧衍的军队就抵达城外,锣鼓喧天,萧宝卷竟然还穿上了大红色的袍子,爬到景阳楼屋顶看大军压境的热闹,差点被士兵射伤大腿。

萧衍已经准备攻下都城建康了,守城的将士们怕抵挡不住,提出要用木头加固城防,可萧宝卷却说木头要用来修宫殿大门,不能让士兵们拿去加固城防,丝毫不明事理,且一毛不拔。他的亲信茹法珍感到害怕,于是跪地请求萧宝卷把木头赏赐给将士,萧宝卷却无情地说:"反贼只是要杀我一个人吗?他们那么多兄弟都被叛贼杀了,还要找我要赏赐?休想,朕没有钱!"

▲ 谢朓

谢朓出身高门士族,是南齐杰出的山水诗人,与"大谢"谢灵运同族,被称为"小谢"。

谢朓的诗饱含声律对仗和写景状物的技巧,深深影响着唐诗的发展。李白曾在诗中提起谢朓,"蓬莱文章建安骨,中间小谢又清发"一句,足以显示李白对谢朓的钦佩。

守城的将士忍无可忍，他们决定不再忠于萧宝卷，其中一个叫王珍国的守将秘密联络了其他守将和宫中的太监，决定要弃暗投明。

建康城被攻陷的那天晚上，萧宝卷在含德殿唱完歌饮完酒，正要就寝，耳边突然传出了喊杀声，他心里一惊，急忙冲出房间，想要从北门溜走。反叛的士兵们紧紧追赶他，他身边的宦官黄泰平一刀砍到了他的膝盖，让他不能再跑，萧宝卷大骂："朕是皇帝！你这么做是要造反吗？"而他身边的另一名宦官张齐已经与守城士兵串通好了，上去一刀砍死了萧宝卷，割下他的脑袋，然后一同到萧衍面前邀功去了。

萧衍终于如愿以偿，为兄弟报了仇，之后他拥立萧宝融登基为帝。尽管萧衍已经掌握了大权，但他十分沉得住气，静待时机而不急于求成。他的好友沈约有一次约他游玩，委婉地跟萧衍提出了要让皇帝禅位的事，萧衍故意装糊涂推辞说："我现在没有别的想法，你不用乱想。"

沈约见萧衍没有答应，就又找时间对萧衍说："你如今可是南齐的大功臣，才华盖世，南齐指望你复兴，你真的不想再进一步了吗？"

萧衍这回才犹豫地说："事情没有这么简单，我需要再考虑考虑。"

沈约听后，明白萧衍这时应该对皇位有了想法。不久后，民间传言说萧衍是老天爷选中的皇帝，于是，朝中的沈约、范云等大臣都劝萧宝融禅让。萧宝融本身就没有一点实权，他一看朝中没有一个人支持自己，为了自保，只能写了禅让诏书，让位给萧衍。

表面上，萧衍仍然谦虚地推让着，但心里却十分开心。他假装推让了一次，说自己恐怕难当重任，他的好友们就领着朝廷上的一百多个官员一同拜见他，说："您是上天指定的天子，臣下们真诚地恳请您即位。"终于在公元502年，萧衍认为已经做足了表面功夫，即位为帝，改国号为梁，史称梁武帝。不久后，他逼萧宝融吞金自杀，再没有人可以威胁到他的皇位了。

起初，梁武帝是一个勤勉的好皇帝。他每天都早起晚睡，每日都会和大臣们讨论国事，为了更好地倾听大臣和百姓们的意见，他还让人在宫门口放

知识链接

南齐的亡国之君萧宝融

萧宝融是南齐最后一任皇帝，是齐明帝的第八个儿子。

萧宝融公元499年被封为南康王，出任荆州刺史。

公元501年，掌握朝政大权的萧衍立萧宝融为帝，随后开始派兵攻打萧宝卷。在顺利夺取建康之后，萧衍便让萧宝融入驻建康。没过多久，萧衍被萧宝融封为梁王。可是，萧衍不甘心于此，他在假借萧宝融名义杀害齐明帝的其他儿子后，便逼迫萧宝融退位。此后，南齐彻底灭亡。

置两个盒子,一个用来收集推荐人才的信件,一个收集百姓的意见书,可以说是非常明智。

此外,梁武帝还十分节俭,即便已经是皇帝,每日里仍粗茶淡饭,也不讲究自己的吃穿用度,忙起来的时候就喝碗粥果腹。

但人无完人,梁武帝也有缺点。他吸取了宋、齐两个朝代皇族内部自相残杀

导致内乱的教训,因此对自己的亲族就格外纵容,有人犯错,他只是训斥一顿,并不会惩罚。因为他的包庇纵容,他的弟弟们就有大胆之人也想做皇帝。萧衍的六弟临川王萧宏私下里和萧衍的女儿联手,刺杀萧衍,没有成功,刺客被抓了之后,萧衍的女儿无颜再见父亲,就自尽了。

二皇子萧综的老妈原本是东昏侯萧宝卷的妃子,因此他一直怀疑自己不是梁武帝的亲生子,所以暗自投靠了北魏。

遭到自己的弟弟、女儿和儿子的连番背叛,梁武帝备受打击,心灰意冷。于是,他就开始到寺庙里修养。等他返回朝廷时,已经是一个彻底的佛家弟子了。他对大臣们说:"今后,我发誓不吃荤腥,不近女色。你们也跟我学学吧,以后祭祀时,尽量别用猪牛羊,改用水果和蔬菜吧。"

公元520年,梁武帝萧衍因沉迷佛法,改年号为普通。此后,梁武帝经常跑到寺庙里,打算出家。

公元527年,萧衍提出要到同泰寺出家做和尚,在当时,皇帝要出家做和尚可是破天荒的事情,但无人敢反对。做了三天和尚后,朝廷里来人把梁武帝接了回去。回宫后,梁武帝觉得这事有不妥当的地方,因为在当时,和尚还俗需要出一笔钱,意思是向寺院"赎身",即便是皇帝做了和尚,也不能例外啊!

于是在公元529年,梁武帝又一次到同泰寺出家。朝廷的大臣们到处都找不到梁武帝的身影,四处打听,才知道皇帝竟然心血来潮又去寺庙出家了。

▲ 木鱼

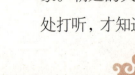

朝代的轮回 | 迷信佛教的梁武帝

当大臣们急急忙忙跑到同泰寺时，发现这次梁武帝把头发都剃掉了，已经穿上了僧服，跟着方丈念经。大臣们要把他接回宫处理国家大事，梁武帝怎么都不答应，后来大臣们才想到他的意思，原来是没有出钱赎身，于是只好各自回家东拼西凑，为梁武帝凑足了赎身钱。

公元546年，梁武帝第三次出家，这次他更加心诚，据说不但把自己舍了，还将皇宫和梁国全都献给了佛祖。因为舍的多，因此赎回他时就需要更多赎身钱，结果大臣们费了好大劲才凑足赎身钱，把他赎了回来。

知识链接

什么是舍身

舍身原意指佛教徒为表示佛法的大慈大悲精神，而牺牲自己的肉体，后来表示为了国家、民族、人民和正义事业而献出自己的生命。

司徒

司徒是由《周礼》地方官司徒演变而来的，是我国古代很重要的官职名。《通典》"三公总叙"条说："后魏以太师、太傅、太保谓之三师，上公也。大司马、大将军谓之二大，太尉、司徒、司空谓之三公。"

没想到只过了一年，梁武帝竟然又跑去舍身面佛了。大臣们无奈之下只好又花重金将他赎回来。

就这样，前前后后梁武帝出家了四回，做了四次和尚，还在各处大修寺庙，国库几乎都被他花空了，老百姓们也因为梁武帝的瞎折腾而变得日子越发难过。

因为梁武帝晚年迷信佛教，酷爱做和尚，朝廷上下被折腾得不轻，人心疲惫。不久后，侯景出现，他看到梁武帝的不作为，就利用他的昏庸，发动了一场声势浩大的叛乱。

反复无常的侯景

侯景本来是东魏的司徒、河南大将军。身为大将，实际上他并不擅长骑射，只是富于谋略，他曾对丞相高欢请命："请让我率兵三万人，我必定要渡江抓住萧衍，让他做太平寺的寺主！"高欢很欣赏侯景这种积极进取之心，给了他十万兵马，让他负责统领河南地区。高欢的儿子高澄与侯景素有不合，高欢病入膏肓后，高澄就伪造了书信，召侯景回来，结果被侯景发现是伪造的，因此他并没有听高澄的命令，而是私下准备反叛。

公元547年，高欢逝世，侯景起兵造反。他先派行台郎中丁和上表梁武帝："我与高澄一向不和，如今我请求带中原地区一起归附您。"梁武帝听后，就把大臣们叫来，一起商议此事，尚书仆射谢举等大臣都说："如今，我们和魏相处融洽，今天如果留下他们的叛臣，恐怕不妥。"梁武帝执意说："你们说的是，但若我们有了侯景，那就取得了平定北方的良机啊。"

其实，梁武帝做这样的决定，与他曾经的一个梦有关。有一天，梁武帝睡梦中梦见全国的官员们都带着城池来投靠自己。有的官员说："皇上得梦如此，离一统天下的大业不远了。"今天，侯景来信投诚，这正是应验了自己的梦啊，梁武帝非常高兴。

但当时的梁武帝不会想到，侯景虽然此时归顺于他，后来却又起兵造反，这一切与一个关键人物——萧渊明有关。

萧渊明乃是梁文帝萧顺的孙子，长沙宣武王萧懿的儿子，又名萧明，按辈分，他是梁武帝萧衍的侄子。侯景投靠在梁武帝帐下后，就大举北侵，与东魏开战，萧渊明也请求梁武帝让他带领水陆军队奔向彭城，梁武帝准许了。但事实上，萧渊明根本不会打仗，又极其自负，他手下的将领们与他商讨军事，他都拒绝，还说："我怎么会不知道临机应变，你们不用多说。"时间一长，那些将领们不服他，不再听他的号令。渡过淮河后，东魏将领慕容绍宗带兵围攻了萧渊明的军队，萧渊明让众将士奋力抵抗，但没有人听他的命令，于是，萧渊明大败，成了东魏的俘虏。

侯景听说了萧渊明被俘的事，就伪造了一封东魏的书信，信上指明要用侯景换萧渊明。梁武帝以

> **知识链接**
>
> **萧渊明**
>
> 萧渊明是南北朝时期梁朝皇帝，萧懿之子，梁武帝萧衍之侄。
>
> 他从小就很有才华，先被封为贞阳侯，后来拜为豫州刺史，被高澄俘获。
>
> 承圣四年（555年），在北齐高洋的支持下，他即位为帝。但是，司空陈霸先密谋兵变，萧渊明被迫退位。
>
> 绍圣二年（556年），萧渊明毒疮发作而死。

为书信是真,正要答应时,多亏身边舍人傅岐的提醒,他才没有冒失答应。梁武帝派人回信说:"你们把萧渊明早上送到,我们晚上自然遣返侯景。"侯景看到回信后,大怒说:"果然要把我推出去!我就知道他没打算真的重用我,只是看我还有些用处罢了。还好我早有准备。"于是准备造反,他心想如今形势不同往日,此时起兵,或许可以自立为王,自己也当皇帝。

梁武帝收到了侯景要造反的消息,并不慌张,他对大臣们说:"我知道侯景有几斤几两,他不会成事的,等他起兵了,我们派些人镇压就行了。"他万万没想到侯景如有神助,起兵后很快就兵临都城建康。而守卫宣阳门的贺王萧正德早已是侯景的人,在他的帮助下,侯景直接攻入首都,将梁武帝囚禁了。太子见状,哭着劝父亲投降,梁武帝听后说:"你怎么能说出这样的话?若祖宗保佑,社稷有灵,我们会有复国的一天,如果不能复国,哭又有什么用?"

梁武帝长期被关押在宫中,因忧愤成疾,没多久就死掉了,太子萧纲登基,史称梁简文帝。但他刚登基,就迫于侯景的势力,写了禅位诏书,让位给豫章王萧栋。萧纲退位后也被囚禁起来,一日,侯景的亲信王伟以祝寿为由请萧纲喝酒。萧纲知道他的来意,反而开怀大笑:"良辰美景,要好好喝上几杯才不辜负。"说完,他和王伟畅饮昏睡了过去。

王伟叫人拿来数袋几十斤重的土袋,把萧纲活活压死了,之后随便找了个棺材,把萧纲丢在了酒库。

萧纲即位之初,他的弟弟萧绎就觉得哥哥是叛

朝代的轮回 | 反复无常的侯景

贼的傀儡，不可能被天下人接纳。侯景知道他的想法后嘲笑萧绎："当初他爸爸被囚禁的时候，怎么没看到他站出来？"

萧绎听说侯景的话后，决意起兵造反。他带领大军顺利攻灭了萧誉、萧伦等

人的军队,又让王僧辩东下消灭侯景。侯景死后,萧绎成功即位,定都江陵,史称梁元帝。即位后,他联合西魏灭了自己在益州的弟弟萧纪,结果让益州落入了西魏手中。公元554年,梁元帝给西魏的宇文泰写信,要求重新划定双方的土地,宇文泰收到后十分生气,就派兵攻打江陵。萧绎不敌被俘,没多久后被投靠西魏的梁王萧詧(chá)用土袋闷死,江陵的百姓们也都被西魏军队俘虏。

▲ 陈武帝陈霸先

陈霸先是南朝陈的开国皇帝。他出身贫贱,后受萧映赏识,任命为中直兵参军,很快升为西江督护、高要太守。

在平定"侯景之乱"的过程中,陈霸先逐渐控制了梁朝的政权。太平二年(557年),陈霸先废梁敬帝,建立大陈,改元永定,史称陈武帝。他在位三年,公元559年驾崩,谥号为武皇帝。

陈霸先收复山河

陈霸先是南陈的开国皇帝,他堪称是一个出身卑微却成功逆袭的历史典型人物。他自幼家境贫寒,但却很有天赋,酷爱读兵书,勤于打鱼练武,可以说是文武双全。长大后,陈霸先担任了村里的里司,后来他又在建康管理仓库,这些都是最底层的公职,由此可见陈霸先成长初期的艰难。

陈霸先30岁左右时,遇到了贵人萧映,萧映是梁武帝萧衍的侄子,当时他正任吴兴太守。因为陈霸先很有才华,萧映非常欣赏他,就提拔他做广州府中直兵参军,后来又提升他做西江督护、高要太守。一路走来,陈霸先还被梁武帝封为"直阁将军"。

公元548年,侯景起兵造反,软禁梁武帝萧衍,将其饿死。侯景拥太子萧纲继位,没多久又将其杀掉,自立为汉王。

萧衍的其他几个儿子忍不下去，就开始行动。老七萧绎实力最为雄厚，他手握荆州军，先搞定了继承皇位顺序在自己之前的哥哥们，然后攻打侯景。就是这个时期，陈霸先加入了萧绎的队伍，帮助他消灭了侯景的势力，于公元552年在江陵拥立萧绎即位。

但仅仅两年时间，萧绎的江陵城就被西魏攻破，萧绎被杀。陈霸先想要拥立晋安王萧方智为帝，但镇守建康的王僧辩因为受北齐的干预，与陈霸先产生了分歧，不同意拥

立晋安王。陈霸先于是起兵灭掉了王僧辩，之后他受到梁敬帝萧方智重用，多次带兵击退西魏。

公元556年，北齐又一次进攻梁，陈霸先熟悉地形，他没有跟北齐硬碰硬，而是带兵迂回到敌后，偷袭北齐的粮道，结果缴获了大量粮草，北齐士气大挫。但不久后，北齐采取包围战术，逐渐占得上风，围困了梁的都城建康。

恰在此时，南方进入雨季，北齐军队不适应气候，陷入被动，士气低落。陈霸先就抓住机会，将粮草中仅剩的斛米和鸭全部煮掉，犒劳全军。被困饿多日的士兵们饱餐后一个个精神抖擞，军队士气大增，陈霸先见状，带兵冲出城外，杀了北齐一个措手不及，北齐大败，陈霸先大胜，保住了梁朝。

由于多次成功保卫梁朝，陈霸先可以说是功勋卓著，他在危难之际屡次为梁朝平定内乱，又解除了外忧，他做到了本该皇帝做的事。而反观梁敬帝，虽然坐在皇帝的位子上，却没有什么作为。

梁敬帝也深知陈霸先的功劳远远大过自己，也知道自己坐不好、坐不稳皇帝的位子，于是他识相地让人挑选了一个吉日，当众将皇位"禅让"给陈霸先。陈霸先也顺势称帝，改元永定，国号陈，史称陈武帝。

成为皇帝后，陈霸先却痴迷于礼佛，他甚至在大庄严寺出家做了和尚。

公元559年，只做了短短三年皇帝的陈霸先终于被疾病打败，他一病不起，很快就病逝了，被属下葬在南京的郊区，谥号曰武皇帝，庙号高祖。

知识链接

王僧辩

王僧辩是南梁的名将，他智勇双全，作战屡获胜利。承圣元年（552年），他与陈霸先会师，水陆并进攻破石头城（今南京城西），侯景之乱结束。

后来，在北齐方面的威逼利诱下，王僧辩迎立北齐的傀儡萧渊明为皇帝，被陈霸先率十万军队讨伐。陈霸先攻入建康后，将王僧辩擒杀。

陈霸先草根出身，一路凭借自己的聪明才智和勇气，击退了外敌，守住了梁朝的江山，后又登基为帝，建立了陈朝，可以说是一场成功的人生逆袭。

他在位时间虽短，但三年里能够选贤举能，为稳定江南局势做出了重大贡献，可以说是一位明君，在当时他受到了百姓们的爱戴，在后世，他也受到了史学家们的高度认可。

知识链接

千闻不如一见

萧摩诃曾跟随侯安都抵御北齐军，侯安都说："都说你骁勇无比，我听得再多，也不如亲眼看见一次。"

萧摩诃说："今天就让您见一见。"

两军交战时，侯安都受伤落马，被敌军包围。危急时刻，萧摩诃骑着快马，大喝一声便冲进敌阵，斩杀无数。北齐军队赶忙撤退，侯安都才得以活命。

闯关小测试

1. 发动"元嘉北伐"的皇帝是（　　）
   A．刘裕　　B．刘义隆　　C．刘骏

2. "东昏侯"指的是（　　）
   A．萧鸾　　B．萧宝卷　　C．萧宝融

3. 晚年沉迷于佛法的皇帝是（　　）
   A．萧衍　　B．萧纲　　C．萧栋

参考答案：1.B　2.B　3.A

历代帝王世系表

三国两晋南北朝

三国
220 — 280

魏 / 220 — 265
文帝（220 — 226）
明帝（227 — 239）
齐王（240 — 254）
高贵乡公（254 — 260）
元帝（260 — 265）

蜀汉 / 221 — 263
昭烈帝（221 — 223）
后主（223 — 263）

吴 / 222 — 280
大帝（222 — 252）
会稽王（252 — 258）
景帝（258 — 264）
乌程侯（264 — 280）

晋
265 — 420

西晋 / 265 — 317
武帝（265 — 290）
惠帝（290 — 306）
怀帝（307 — 313）
愍帝（313 — 317）

东晋 / 317 — 420
元帝（317 — 322）
明帝（322 — 325）
成帝（325 — 342）
康帝（343 — 345）
穆帝（345 — 361）
哀帝（362 — 365）
海西公（366 — 371）
简文帝（371 — 372）
孝武帝（373 — 396）
安帝（397 — 418）
恭帝（419 — 420）

南朝
420 — 589

宋 / 420 — 479
武帝（420 — 422）
少帝（423 — 424）
文帝（424 — 453）
孝武帝（454 — 464）
前废帝（465 — 465）
明帝（465 — 472）
后废帝（473 — 477）
顺帝（477 — 479）

齐 / 479 — 502
高帝（479 — 482）
武帝（483 — 493）
鬱(yù)林王（494 — 494）
海陵王（494 — 494）
明帝（494 — 498）
东昏侯（499 — 501）
和帝（501 — 502）

梁 / 502 — 557
武帝（502 — 549）
简文帝（550 — 551）
元帝（552 — 555）
敬帝（555 — 557）

陈 / 557 — 589
武帝（557 — 559）
文帝（560 — 566）
废帝（567 — 568）
宣帝（569 — 582）
后主（583 — 589）

北朝
386 — 581

北魏 / 386 — 534
道武帝（386 — 409）
明元帝（409 — 423）
太武帝（424 — 452）
南安王（452 — 452）
文成帝（452 — 465）
献文帝（466 — 471）
孝文帝（471 — 499）
宣武帝（500 — 515）
孝明帝（516 — 528）
孝庄帝（528 — 530）
长广王（530 — 531）
节闵帝（531 — 532）
安定王（531 — 532）
孝武帝（532 — 534）

东魏 / 534 — 550
孝静帝（534 — 550）

北齐 / 550 — 577
文宣帝（550 — 559）
废帝（560 — 560）
孝昭帝（560 — 561）
武成帝（561 — 565）
后主（565 — 576）
幼主（577 — 577）

西魏 / 535 — 556
文帝（535 — 551）
废帝（552 — 554）
恭帝（554 — 556）

北周 / 557 — 581
孝闵帝（557 — 557）
明帝（557 — 560）
武帝（561 — 578）
宣帝（579 — 579）
静帝（579 — 581）